Mon

Volume Divers. 2

Wilkie Collins

Writat

Cette édition parue en 2024

ISBN : 9789359947259

Publié par
Writat
email : info@writat.com

Contenu

CAS QUI valent la peine d'être examinés.—I.
MÉMOIRES D'UN FILS ADOPTÉ. [UN]

I. — CIRCONSTANCES QUI ONT PRÉCÉDÉ SA NAISSANCE.

Vers le début du XVIIIe siècle se dressait sur un rocher au milieu de la mer, près d'un village de pêcheurs de la côte bretonne, une tour en ruine et de très mauvaise réputation. Aucun mortel ne l'aurait habité de mémoire d'homme vivant. Le seul locataire que la Tradition associait à l'occupation des lieux, à une époque lointaine, y était venu des régions infernales, on ne savait pourquoi, y avait vécu, on ne savait combien de temps, et en avait quitté la possession, on ne savait quand. Dans de telles circonstances, rien n'était plus naturel que que cet individu surnaturel donne un nom à sa résidence ; c'est pour cette raison que le bâtiment fut désormais connu dans tout le quartier sous le nom de Satanstower .

Au début de l'année mille sept cents, les habitants du village furent surpris, une nuit, en apercevant la lueur rouge d'un feu dans la Tour, et en sentant, dans la même direction, une odeur surnaturelle de poisson frit. Le lendemain matin, les pêcheurs qui passaient devant le bâtiment avec leurs bateaux furent surpris de constater qu'un étranger y avait élu domicile. À en juger de loin, il semblait être un bel homme, grand et robuste : il était vêtu d'un costume de pêcheur et il possédait son propre bateau neuf, confortablement amarré dans une fente du rocher. S'il avait habité un endroit de bonne réputation, ses voisins auraient immédiatement fait sa connaissance ; mais, dans l'état actuel des choses, tout ce qu'ils pouvaient oser faire, c'était le regarder en silence.

Le premier jour passa et, malgré le beau temps, il ne fit aucun usage de son bateau. Le deuxième jour suivit, avec une continuation du beau temps, et il resta toujours aussi oisif qu'auparavant. Le troisième jour, alors qu'une violente tempête maintenait tous les bateaux du village sur la plage, le troisième jour, au milieu de la tempête, l'homme de la Tour partait faire sa première expérience de pêche dans des eaux étranges ! Lui et son bateau sont revenus sains et saufs, dans une accalmie de tempête ; et les villageois qui surveillaient la falaise au-dessus l'ont vu porter le poisson, par grands paniers, jusqu'à sa tour. Aucun d'entre eux n'avait jamais eu un tel butin – et l'étranger l'avait emporté dans un grand vent !

Sur ce, les habitants du village convoquèrent un conseil. La tête du débat fut assumée par un jeune homme intelligent, un pêcheur nommé Poulailler , qui déclara catégoriquement que l'étranger de la Tour était d'origine infernale. « Vous pouvez l'appeler comme vous voudrez, dit Poulailler ; "Je l'appelle le Démon-Pêcheur !"

L'opinion ainsi exprimée s'est avérée être celle de l'ensemble de l'auditoire, à la seule exception du curé du village. Le curé dit : " Doucement, mes fils. Ne vous assurez pas de l'homme de la Tour avant dimanche. Attendez et voyez s'il vient à l'église. "

"Et s'il ne vient pas à l'église ?" demandèrent tous les pêcheurs dans un souffle.

— Dans ce cas, répondit le curé, je l'excommunierai... et alors, mes enfants, vous pourrez l'appeler comme vous voudrez.

Dimanche arriva ; et aucun signe de l'étranger n'obscurcissait les portes de l'église. Il fut donc excommunié. Tout le village adopta aussitôt l'idée de Poulailler ; et il appela l'homme de la Tour du nom que Poulailler lui avait donné : « Le Démon-Pêcheur ».

Ces procédés violents ne produisirent pas le moindre effet apparent sur le personnage diabolique qui les avait occasionnés. Il persistait à rester inactif quand il faisait beau ; à sortir pêcher alors qu'aucun autre bateau du lieu n'ose prendre la mer ; et en revenant à sa demeure solitaire, avec ses filets pleins, son bateau indemne, et lui-même vivant et copieux. Il n'a fait aucune tentative pour acheter ou vendre avec qui que ce soit ; il se tenait régulièrement à l'écart du village ; il vivait de poisson qu'il faisait frire lui-même, d'une force surnaturelle ; et il n'a jamais parlé à personne, à la seule exception de Poulailler lui-même. Un beau soir, alors que le jeune homme rentrait chez lui en ramant devant la Tour, le Démon-Pêcheur s'élança sur le rocher, dit : « Merci, Poulailler , de m'avoir donné un nom », s'inclina poliment et s'élança de nouveau. Le jeune pêcheur sentit les mots se refroidir dans la moelle de son dos ; et chaque fois qu'il était de nouveau en mer, il évitait à partir de ce jour la Tour.

Le temps passe et un événement important se produit dans la vie de Poulailler . Il était fiancé. Le jour où ses fiançailles furent annoncées publiquement, ses amis se rassemblèrent bruyamment autour de lui sur la jetée du village pour lui présenter leurs félicitations. Alors qu'ils étaient tous en plein cri, une voix étrange se fit soudain entendre à travers la confusion, ce qui fit taire tout le monde en un instant. La foule recula et découvrit le Démon-Pêcheur qui déambulait sur la jetée. C'était la première fois qu'il mettait les pieds, les pieds fourchus, dans l'enceinte du village.

« Messieurs, dit le Démon-Pêcheur, où est mon ami Poulailler ? Il posa la question avec une parfaite politesse ; il était remarquablement bien dans son costume de pêcheur ; il exhalait une délicieuse odeur de poisson frit ; il avait un signe de tête cordial pour les hommes et un doux sourire pour les femmes ; mais, avec tous ces avantages personnels, tout le monde se retirait de lui, et personne ne répondait à sa question. La froideur de l'accueil populaire ne l'a cependant en rien déconcerté. Il chercha Poulailler avec des yeux scrutateurs, découvrit l'endroit où il se trouvait et lui parla de la manière la plus amicale.

"Alors tu vas te marier ?" » remarqua le Démon-Pêcheur.

"Qu'est-ce que ça te fait?" dit Poulailler . Il était intérieurement terrifié, mais extérieurement bourru – un concours de circonstances pas rare chez des hommes de sa classe, dans sa situation mentale.

« Mon ami, poursuivit le démon-pêcheur, je n'ai pas oublié votre politesse en me donnant un nom, et je viens ici pour vous le remercier. Vous aurez une famille, Poulailler , et votre premier enfant sera un garçon. Je propose de faire de ce garçon mon fils adoptif."

La moelle du dos de Poulailler devint terriblement froide, mais il devint plus bourru que jamais, malgré son dos.

"Vous ne ferez rien de tel", répondit-il. "Si j'ai la plus grande famille de France, aucun de mes enfants ne s'approchera jamais de vous."

"J'adopterai quand même votre premier-né", insista le Démon-Pêcheur. " Poulailler ! Je vous souhaite le bonjour. Mesdames et messieurs ! de même pour vous tous. "

Sur ces mots, il se retira de la jetée ; et la moelle du dos de Poulailler reprit sa température.

Le lendemain matin, c'était orageux ; et tout le village s'attendait à voir le bateau de la Tour prendre le large, comme d'habitude. Aucun signe n'en est apparu. Plus tard dans la journée, le rocher sur lequel se trouvait le bâtiment a été examiné à distance. Ni le bateau ni les filets n'étaient à leur place habituelle. La nuit, pour la première fois, la lueur rouge du feu a été manquée. Le Démon-Pêcheur était parti ! Il avait annoncé ses intentions sur la jetée et avait disparu. Qu'est-ce que cela signifiait ? Personne ne savait.

Le jour des noces de Poulailler , une circonstance sinistre rappela le souvenir du diabolique étranger et, bien entendu, décomposa sérieusement le dos du marié. Au moment où la cérémonie du mariage était complète, une délicieuse odeur de poisson frit s'infiltra dans les narines de la société, et une voix sortant de lèvres invisibles dit : « Gardez le moral, Poulailler ; je n'ai pas oublié ma promesse !

Un an plus tard, Mme Poulailler était entre les mains de la sage-femme du quartier, et une situation aussi sinistre se reproduisit. Poulailler attendait dans la cuisine comment les choses finissaient là-haut. L'infirmière est arrivée avec un bébé. "Lequel est-ce?" demanda l'heureux père ; "fille ou garçon?" Avant que l'infirmière ait pu répondre, une odeur de poisson frit surnaturellement envahit la cuisine ; et une voix sortant de lèvres invisibles répondit : « Un garçon, Poulailler — *et je l'ai !* »

Telles furent les circonstances dans lesquelles le sujet de ce Mémoire fut introduit aux joies et aux peines de l'existence mortelle.

II.— SON ENFANCE ET SA JEUNESSE.

Lorsqu'un garçon naît sous des auspices qui amènent ses parents à supposer que, tandis que la partie corporelle de lui est en sécurité à la maison, la partie spirituelle est soumise ailleurs à un enseignement infernal – que vont faire de lui son père et sa mère ? Il faut qu'ils fassent de leur mieux. C'est exactement ce qu'ont fait Poulailler et sa femme avec le héros de ces pages.

En premier lieu, ils l'ont fait baptiser instantanément. On observa avec horreur que son visage infantile était déformé par des grimaces et que sa voix infantile rugissait avec une vivacité surnaturelle au moment où le prêtre le touchait. La première chose qu'il demanda, lorsqu'il apprit à parler, fut du « poisson frit » ; et le premier endroit où il voulait aller, quand il apprenait à marcher, était la Tour diabolique sur le rocher. « Il n'apprendra rien », dit le maître, lorsqu'il fut en âge d'aller à l'école. « Battez-le », dit Poulailler , et le maître le battait. "Il ne viendra pas à sa première communion", dit le curé. « Battez-le », dit Poulailler , et le curé le battait. Les vergers des agriculteurs ont été pillés ; les garennes voisines étaient dépeuplées ; du linge fut volé dans les jardins et des filets déchirés sur la plage. « Au diable, prenez le fils de Poulailler », criait tout le monde. "Le diable l'a eu", fut la réponse de Poulailler . "Et pourtant c'est un joli garçon", dit Mme Poulailler . Et c'était un jeune homme aussi grand, aussi fort, aussi beau qu'on pouvait en voir dans toute la France. "Prions pour lui", dit Mme Poulailler . " Battons-le ", dit son mari. "Notre fils a été battu jusqu'à ce que tous les bâtons du quartier soient brisés", a plaidé sa mère. — Nous le jugerons ensuite avec le bout de la corde, rétorqua son père ; "il ira en mer et vivra dans une atmosphère de bagarre. Notre fils sera garçon de cabine." C'était tout un pour Poulailler Junior – il savait qui l'avait adopté, ainsi que son père – il avait été instinctivement conscient depuis son enfance de l'intérêt du Démon-Pêcheur pour son bien-être – il ne se souciait d'aucune discipline terrestre – et d'un garçon de cabine. il est devenu à dix ans.

Après deux années d'arrêt (appliqué sans succès), le sujet de ce Mémoire vola son capitaine et s'enfuit dans un port anglais. Londres est devenue la prochaine scène de ses aventures. À douze ans, il persuade la société de la Métropole qu'il est le fils naturel abandonné d'un duc français. La bienveillance britannique, après avoir pourvu aveuglément à ses besoins pendant quatre ans, lui ouvrit les yeux et le découvrit à l'âge de seize ans ; sur quoi il revint en France et entra dans l'armée en qualité de tambour. A dix-huit ans, il déserte et se tourne vers les bohémiens . Il prédit, il conjura, il dansa sur la corde raide, il joua, il vendit des médicaments de charlatan, il changea encore d'avis et retourna à l'armée. Ici, il tombe amoureux de la vivandière de son nouveau régiment. Le sergent-major de la compagnie, touché par la même aimable faiblesse, en voulait naturellement à ses attentions envers la dame. Poulailler (peut-être de manière injustifiée) s'est affirmé en frappant les oreilles de son officier. Les épées jaillirent des deux côtés, et la lame de Poulailler entra à travers le cœur tendre du sergent-major. La frontière était proche. Poulailler essuya son épée et la croisa.

Une condamnation à mort a été enregistrée contre lui en son absence. Quand la société nous a condamnés à mourir, si nous sommes des hommes de quelque esprit que ce soit, comment pouvons-nous lui rendre le compliment ? En condamnant la société à nous maintenir en vie – ou, en d'autres termes, en volant à droite et à gauche pour gagner notre vie. Le destin de Poulailler était désormais accompli. Il a été choisi pour être le plus grand voleur de son époque ; et lorsque le destin l'a appelé à sa place dans le monde, il s'est avancé et l'a prise. Sa vie jusqu'alors n'avait été que celle d'un jeune coquin ; il allait maintenant rendre justice au père diabolique qui l'avait adopté et prendre les proportions d'un voleur adulte.

Ses premiers exploits ont été réalisés en Allemagne. Ils montraient une telle nouveauté de combinaison, une telle audace, une telle dextérité et, même dans ses moments les plus meurtriers, une gaieté et une bonne humeur si irrésistibles , qu'une bande d'esprits sympathiques se rassembla autour de lui en un rien de temps. En tant que commandant en chef de l'armée des Voleurs, sa popularité n'a jamais faibli. Ses faiblesses — et quel homme illustre serait sans elles ? — étaient au nombre de trois. Première faiblesse : il était extrêmement sensible aux charmes du beau sexe. Deuxième faiblesse : il aimait dangereusement les farces. Troisième faiblesse (héréditaire de son parent adoptif) : son appétit était insatiable en matière de poisson frit. Quant aux mérites à opposer à ces défauts, certains ont déjà été remarqués, et d'autres apparaîtront immédiatement. Supposons simplement, ici, qu'il était l'un des plus beaux hommes de son temps, qu'il s'habillait superbement et qu'il était capable des actes de générosité les plus élevés lorsqu'il s'agissait d'une belle femme - que cela soit compris. , pour commencer; et entrons maintenant dans le récit de son dernier exploit en Allemagne avant son retour en France. Cette aventure est plus qu'un simple échantillon de sa méthode de travail : elle s'est avérée, dans l'avenir, l'événement fatal de sa vie.

Un lundi de la semaine, il s'était arrêté sur la grande route et avait dépouillé de tous ses objets de valeur et de tous ses papiers un noble italien, le marquis Petrucci de Sienne. Mardi, il était prêt pour une nouvelle affaire. Posté au sommet d'une colline escarpée, il surveillait d'un côté la route qui menait au sommet, tandis que ses partisans étaient installés sur la route qui en descendait de l'autre. Le prix attendu, dans ce cas, était la voiture de voyage (avec une grosse somme d'argent à l'intérieur) du baron de Kirbergen .

Bientôt Poulailler aperçut de loin la voiture, au bas de la colline, et devant elle, montant sur l'éminence, deux dames à pied. C'étaient les filles du baron : Wilhelmine, d'une belle beauté ; Frederica, une brune, toutes deux charmantes, toutes deux accomplies, toutes deux sensibles, toutes deux jeunes. Poulailler descendit la colline à la rencontre des fascinants voyageurs . Il regarda, s'inclina, se présenta et tomba immédiatement amoureux de Wilhelmina. Les deux charmantes jeunes filles avouèrent de la manière la plus naïve que le fait de rester dans la voiture leur avait donné des frissons et qu'elles gravissaient la colline pour essayer le remède d'un exercice doux. Le cœur de Poulailler fut touché et sa générosité envers le sexe fut éveillée à temps. Après avoir présenté des excuses polies aux jeunes dames, il courut, par un raccourci, jusqu'à l'embuscade de l'autre côté de la colline dans laquelle étaient postés ses hommes.

"Messieurs!" s'écria le généreux voleur, au nom charmant de Wilhelmina de Kirbergen , je vous en prie à tous, laissez passer librement la voiture du baron. Le groupe n'était pas réceptif – il s'y est opposé. Poulailler les connaissait. Il avait en vain fait appel à leur cœur ; il faisait maintenant appel à leurs poches. "Messieurs!" reprit-il, excusez ma méprise momentanée sur vos sentiments. Voici ma demi-part des biens du marquis Petrucci . Si je la partage entre vous, laisserez-vous passer la voiture gratuitement ? Le groupe connaissait la valeur de l'argent et en acceptait les conditions. Poulailler remonta précipitamment la colline et arriva au sommet juste à temps pour faire monter les demoiselles dans la voiture. "Homme charmant!" » dit la blanche Wilhelmina à la brune Frederica, alors qu'elles partaient. Âme innocente ! qu'aurait-elle dit si elle avait su que ses attirances personnelles avaient sauvé les biens de son père ? Reverra-t-elle un jour ce charmant homme ? Oui : elle devait le voir le lendemain – et, plus que cela, le destin devait désormais la lier étroitement à la vie du voleur et à sa destinée.

Confiant la direction de la musique à son premier lieutenant, Poulailler suivit la voiture à cheval et constata le lieu de la résidence du baron cette nuit-là.

Le lendemain matin, un inconnu superbement habillé frappa à la porte. « Quel nom, monsieur ? dit le domestique. "Le marquis Petrucci de Sienne", répondit Poulailler . "Comment vont les jeunes filles après leur voyage ?" Le marquis fut introduit et présenté au baron. Le baron était naturellement ravi de recevoir un frère noble ; Miss Wilhelmina était modestement heureuse de revoir le charmant homme ; Miss Frederica était affectueusement heureuse pour sa sœur. N'étant pas disposé à perdre du temps en matière d'affection, Poulailler exprima ce soir-là ses sentiments à l'objet aimé. Le lendemain matin, il eut un entretien avec le baron, au cours duquel il présenta les papiers prouvant qu'il était le marquis. Rien ne pourrait être plus satisfaisant pour l'esprit du parent le plus inquiet : les deux nobles s'embrassèrent. Ils étaient encore dans les bras l'un de l'autre, lorsqu'un deuxième inconnu frappa à la porte. « Quel nom, monsieur ? dit le domestique. "Le marquis Petrucci de Sienne", répondit l'étranger. "Impossible!" dit le serviteur ; "Sa Seigneurie est maintenant dans la maison." "Faites-moi entrer, coquin", s'écria le visiteur. Le domestique se soumit, et les deux marquises se trouvèrent face à face. Le sang-froid de Poulailler n'était pas du tout ébranlé ; il était venu le premier à la maison et il avait récupéré les papiers. "Tu es le méchant qui m'a volé !" s'écria le vrai Petrucci . "Vous êtes ivre, fou ou imposteur", rétorque le faux Petrucci . «Envoyez à Florence, où je suis connu», s'écria un des marquis en apostrophant le baron. "Envoyez à Florence par tous les moyens", répéta l'autre en s'adressant également au baron. « Messieurs, » répondit le noble Kirbergen , « je me ferai l' honneur de suivre vos conseils » — et il envoya en conséquence à Florence.

Avant que le messager ait parcouru dix milles dans son voyage, Poulailler avait dit deux mots en privé à la susceptible Wilhelmina – et le couple s'était enfui de la résidence baronniale cette nuit-là. Une fois de plus, le sujet de ce Mémoire franchit la frontière et rentra en France. Indifférent aux attraits de la vie rurale, il s'établit aussitôt avec l'objet bien-aimé à Paris. Dans cette ville superbe, il rencontra ses plus étranges aventures, accomplit ses exploits les plus audacieux, commit ses vols les plus prodigieux, et, en un mot, se rendit pleinement justice à lui-même et à son patron infernal, dans le caractère du fils adoptif du démon-pêcheur.

III.— SA CARRIÈRE À PARIS.

Une fois établi dans la métropole française, Poulailler planifia et exécuta ce vaste système de vols perpétuels et d'homicides occasionnels qui faisaient de lui la terreur et l'étonnement de tout Paris. À l'intérieur comme à l'extérieur, sa chance lui a permis de se lier d'amitié. Aucune inquiétude domestique ne tourmentait son esprit et ne le détournait de la poursuite de sa brillante carrière publique. L'attachement de la charmante créature avec laquelle il s'était enfui d'Allemagne survécut à la découverte que le marquis Petrucci était Poulailler le voleur. Fidèle à l'homme de son choix, la dévouée Wilhelmina partageait sa fortune et gardait sa maison. Et pourquoi pas, si elle l'aimait ? – au nom conquérant de Cupidon, pourquoi pas ?

Rejoint par des hommes choisis parmi ses partisans allemands et par de nouvelles recrues rassemblées à Paris, Poulailler met désormais la société et ses garanties au défi. Cartouche lui-même lui était inférieur en audace et en ruse. Au fil du temps, la ville entière fut prise de panique par le nouveau voleur et sa bande : les boulevards eux-mêmes étaient déserts à la tombée de la nuit. Monsieur Hérault , lieutenant de police de l'époque, désespérant de mettre la main sur Poulailler par d'autres moyens, offrit enfin une récompense de cent pistoles et une place dans son bureau valant deux mille livres de rente à quiconque voudrait appréhender le voleur vivant. Les affiches furent affichées dans tout Paris, et, le lendemain matin, elles produisirent le tout dernier résultat au monde que le lieutenant de police pût espérer.

Pendant que M. Hérault déjeunait dans son cabinet, le comte de Villeneuve fut annoncé comme voulant lui parler. Ne connaissant le comte que de nom, comme appartenant à une ancienne famille de Provence ou du Languedoc, M. Hérault ordonna de le faire entrer. Un parfait gentleman parut, vêtu avec un admirable mélange de magnificence et de bon goût. "J'ai quelque chose pour votre oreille privée, monsieur", dit le comte. "Voulez-vous donner l'ordre que personne ne soit autorisé à nous déranger ?"

Monsieur Hérault donnait les ordres.

« Puis-je vous demander, comte, quelles sont vos affaires ? » » demanda-t-il lorsque la porte fut fermée.

"Pour gagner la récompense que vous offrez pour avoir pris Poulailler ", répondit le comte. "Je m'appelle Poulailler ."

Avant que M. Hérault ait pu ouvrir les lèvres, le voleur a sorti un joli petit poignard et un cordon de soie rose . « La pointe de ce poignard est empoisonnée, observa-t-il ; "et une seule égratignure, mon cher monsieur, serait votre mort." A ces mots Poulailler bâillonna le lieutenant de police, l'attacha à sa chaise avec la corde rose , et allège son écritoire de mille pistoles . "Je prendrai de l'argent, au lieu de prendre la place dans le bureau que vous m'offrez gentiment", a déclaré Poulailler . "Ne vous embêtez pas à m'accompagner à la porte. Bonjour."

Quelques semaines plus tard, alors que M. Hérault était encore le sujet du ridicule dans tout Paris, les affaires emmenaient Poulailler sur la route de Lille et Cambrai . Le seul passager à bord du car, à part lui, était le vénérable doyen Potter de Bruxelles. Ils entamèrent la conversation sur le seul sujet intéressant de l'époque : non pas le temps, mais Poulailler .

- C'est une honte, monsieur, pour la police, dit le doyen, qu'un pareil scélérat soit encore en liberté. Je reviendrai à Paris, par cette route, dans dix jours, et j'irai chez M. Hérault . , pour suggérer mon propre plan pour attraper le scélérat.

"Puis-je demander ce que c'est ?" dit Poulailler .

"Excusez-moi", répondit le doyen; vous êtes un étranger, monsieur, et d'ailleurs je veux garder le mérite de m'en suggérer le plan.

« Pensez-vous que le lieutenant de police vous verra ? demanda Poulailler ; il n'est pas accessible aux étrangers, puisque le mécréant dont vous parlez lui a joué ce tour à sa propre table de petit-déjeuner.

"Il verra le doyen Potter de Bruxelles," fut la réponse, délivrée avec la moindre teinte possible de dignité offensée.

"Oh, sans aucun doute !" dit Poulailler , pardonnez-moi, s'il vous plaît.

« Volontiers, monsieur », dit le doyen – et la conversation s'étendit sur d'autres canaux.

Neuf jours plus tard, l'orgueil blessé de Monsieur Hérault fut apaisé par une lettre très remarquable. Il était signé par un membre de la bande de Poulailler , qui s'offrait comme témoin de King, dans l'espoir d'obtenir sa grâce. La lettre déclarait que le vénérable doyen Potter avait été attaqué et assassiné par Poulailler , et que le voleur, avec son audace habituelle, était sur le point de rentrer à Paris par le car Lisle, le lendemain, déguisé avec les propres vêtements du doyen, et fourni avec les propres papiers du doyen. Monsieur Hérault a pris ses précautions sans perdre un instant. Des hommes choisis étaient postés, avec leurs ordres, à la barrière que doit franchir le carrosse pour entrer dans Paris ; tandis que le lieutenant de police attendait à son bureau, en compagnie de deux messieurs français qui pourraient témoigner de l'identité du doyen, au cas où Poulailler persisterait impudemment à donner le nom de sa victime.

A l'heure dite, la voiture parut et en sortit un homme en costume de doyen. Il a été arrêté malgré ses protestations ; les papiers du Potter assassiné furent retrouvés sur lui, et il fut emmené triomphalement au bureau de police. La porte s'ouvrit et le groupe comitatus entra avec le prisonnier. Aussitôt les deux témoins poussèrent un cri de reconnaissance et se tournèrent avec indignation vers le lieutenant de police. "Mon Dieu, monsieur, qu'avez-vous fait !" s'écrièrent-ils avec horreur ; "Ce n'est pas Poulailler , voici notre vénérable ami ; voici le doyen lui-même !" Au même instant, un domestique entra avec une lettre. "Dean Potter. Aux bons soins de Monsieur Hérault , Lieutenant de Police." La lettre était exprimée en ces mots : « Vénérable monsieur, — Profitez de la leçon que je vous ai donnée. Soyez chrétien pour l'avenir, et n'essayez plus de nuire à un homme à moins qu'il ne cherche à vous nuire. Tout à vous, Poulailler .

Ces exploits d'audace froide furent égalés par d'autres, dans lesquels sa générosité envers le sexe s'affirma avec autant de magnanimité que jamais.

Apprenant, un jour, que de grosses sommes d'argent étaient gardées dans la maison d'une grande dame, une certaine Madame de Brienne, dont la porte était gardée, en prévision de la visite du célèbre voleur, par un portier d'une fiabilité et d'un courage reconnus, Poulailler entreprit de la voler malgré ses précautions et y réussit. Avec une grosse paire de lanières et de boucles de cuir dans sa poche, et avec deux de ses hommes, déguisés en cocher et en valet de pied, il suivit un soir Madame de Brienne au théâtre. Juste avant la fin de la représentation, le cocher et le valet de pied de la dame furent tentés de s'éloigner pendant cinq minutes par les subordonnés déguisés de Poulailler pour prendre un verre de vin. Aucune tentative n'a été faite pour les arrêter ou pour droguer leur alcool. Mais, en leur absence, Poulailler s'était glissé sous la voiture, avait accroché au poteau ses lanières de cuir, une pour le retenir, une pour soutenir ses pieds, et, avec ces simples préparatifs, il était maintenant prêt à attendre les événements. Madame de Brienne monta dans la voiture, le valet de pied se leva derrière, Poulailler se pendit horizontalement sous le poteau, et fut reconduit avec eux, dans ces circonstances singulières. Il était assez fort pour conserver sa position après que la voiture eut été conduite dans la remise ; et il ne l'a quitté que lorsque les portes étaient verrouillées pour la nuit. Muni de vivres d'avance, il attendit patiemment, caché dans la remise, deux jours et deux nuits, guettant l'occasion d'entrer dans le boudoir de Mme de Brienne.

Le troisième soir, la dame se rendit à un grand bal — les domestiques relâchèrent leur vigilance tandis qu'elle tournait le dos — et Poulailler se glissa dans la chambre. Il trouva deux mille louis d'or , ce qui n'était pas la somme qu'il espérait, et un portefeuille qu'il emporta avec lui pour l'ouvrir chez lui. Il contenait quelques bons de souscription d'actions pour un montant relativement insignifiant. Poulailler était bien trop aisé pour se soucier de les prendre, et bien trop poli, lorsqu'il s'agissait d'une dame, pour ne pas les renvoyer, dans ces circonstances. En conséquence, Mme de Brienne reçut ses mandats, avec une note d'excuses du voleur poli.

« Veuillez excuser ma visite dans votre charmant boudoir, » écrivait Poulailler , « en considération des faux bruits sur votre richesse, qui seuls m'ont incité à y entrer. Si j'avais su quelle était réellement votre situation pécuniaire, sur l' honneur d'un gentleman Madame, j'aurais été incapable de vous voler. Je ne peux pas vous rendre vos deux mille louis d'or par la poste, comme je vous rends vos mandats. Mais si vous êtes un peu pressée à l'avenir, je serai fier de vous y aider. j'ai distingué une dame en lui prêtant, sur mes amples ressources, le double de la somme dont je regrette de l'avoir privée en cette occasion. Cette lettre fut montrée à la royauté à Versailles. Il excita la plus haute admiration de la cour, et surtout des dames. Chaque fois que le nom du voleur était prononcé, ils l'appelaient avec indulgence le chevalier de Poulailler . Ah ! c'était l'âge de la politesse, où l'on reconnaissait les bonnes manières , même chez un voleur. Dans des circonstances similaires, qui le reconnaîtrait maintenant ? Ô tempora ! Ô mœurs !

Une autre fois, Poulailler était dehors, une nuit, prenant l'air et guettant ses occasions sur les toits des maisons ; un membre de la fanfare étant posté dans la rue en contrebas pour l'assister en cas de nécessité. Dans cette position, des sanglots et des gémissements provenant d'une fenêtre ouverte du grenier attirèrent son oreille. Un parapet s'élevait devant la fenêtre, ce qui lui permettait de descendre et de regarder à l'intérieur. Des enfants affamés entourant une mère sans défense et réclamant de la nourriture, telle était l'image qui frappa son regard. La mère était jeune et belle ; et la main de Poulailler agrippa impulsivement sa bourse, comme une conséquence nécessaire. Avant que le voleur charitable ait pu entrer par la fenêtre, un homme se précipita par la porte, avec un visage horrifié ; et jeta une poignée d'or sur les genoux de la charmante mère. « Mon honneur est parti », s'écria-t-il ; "Mais nos enfants sont sauvés ! Écoutez les circonstances. J'ai rencontré un homme dans la rue en contrebas ; il était grand et mince ; il avait une tache verte sur un œil ; il regardait cette maison avec méfiance, attendant apparemment quelqu'un. J'ai pensé à vous, j'ai pensé aux enfants, j'ai saisi par le col l'étranger suspect. La terreur l'a saisi sur-le-champ. « Prenez ma montre, mon argent et mes deux précieuses tabatières en or, dit-il, mais. épargne ma vie. Je les ai pris." « Homme au cœur noble ! s'écria Poulailler en paraissant à la fenêtre. Le mari tressaillit ; la femme a crié ; les enfants se cachaient. " Laissez-moi vous prier d'être calme ", continua Poulailler . "Monsieur ! J'entre en scène dans le but d'apaiser votre conscience inquiète. D'après votre description vivante, je reconnais l'homme dont les biens sont maintenant entre les genoux de votre femme. Reprenez votre tranquillité d'esprit . Vous avez volé un voleur, en d'autres termes, vous avez justifié la société. Acceptez mes félicitations pour votre innocence retrouvée. Le misérable lâche dont vous avez saisi le collier est un membre de la bande de Poulailler . Il a perdu ses biens volés, comme une punition convenable pour son honteux manque d'esprit.

"Qui es-tu?" s'exclama le mari.

"Je m'appelle Poulailler ", répondit l'illustre homme, avec la simplicité d'un héros antique. " Prenez cette bourse et lancez-vous en affaires avec le contenu. Il y a un préjugé, Monsieur, en faveur de l'honnêteté. Donnez une chance à ce préjugé. Il fut un temps où je l'ai ressenti moi-même ; je regrette de ne plus le ressentir. Sous toutes sortes de malheurs, un honnête homme a encore sa consolation. Où est-elle ici ? Il lui frappa le cœur et la famille tomba à genoux devant lui.

"Bienfaiteur de votre espèce !" s'écria le mari, comment puis-je montrer ma gratitude ?

"Vous pouvez me permettre de baiser la main de madame ", répondit Poulailler .

Madame se leva et embrassa le généreux inconnu. "Que puis-je faire de plus ?" s'écria avec empressement cette charmante femme. "Oh, mon Dieu ! que demander de plus ?"

"Vous pouvez prier votre mari de m'éclairer dans les escaliers", répondit Poulailler . Il parla, leur serra la main, versa une larme généreuse et partit. À ce moment émouvant, son propre père adoptif ne l'aurait pas connu.

Cette dernière anecdote clôt le dossier de La carrière de Poulailler à Paris. Les aspects les plus légers et les plus agréables de cette carrière ont été jusqu'ici présentés à dessein, en souvenir discret du contraste que doit maintenant présenter le côté tragique du tableau. Comédie et Sentiment, sœurs jumelles d'origine française, adieu ! L'horreur entre ensuite sur scène – et entre en bienvenue, au nom du fils adoptif du démon-pêcheur.

IV.— SA SORTIE DE SCÈNE .

La nature des réalisations les plus sérieuses de Poulailler dans l'art du vol peut être comprise par référence à un fait terrible. Dans les archives policières de l'époque, plus de cent cinquante hommes et femmes sont recensés comme ayant trouvé la mort aux mains de Poulailler et de sa bande. Ce formidable voleur n'avait pas pour habitude de prendre la vie aussi bien que les biens, à moins que la vie ne se trouve directement sur son chemin, auquel cas il balayait immédiatement l'obstacle sans hésitation et sans remords. Sa détermination mortelle à voler, ressentie ainsi par la population en général, n'avait d'égale que sa détermination mortelle à se faire obéir, ressentie par ses partisans en particulier. L'un d'eux, par exemple, s'étant retiré de son allégeance, et ayant ensuite tenté de trahir son chef, fut traqué jusqu'à sa cachette dans une cave, et y fut emmuré vivant en présence de Poulailler ; le voleur composait l'épitaphe du malheureux et la grattait de sa propre main sur le plâtre mouillé. Des années plus tard, l'inscription fut remarquée, lorsque la maison tomba en possession d'un nouveau locataire, et on pensait qu'elle n'était qu'une des nombreuses plaisanteries que le célèbre voleur avait pratiquées en son temps. Lorsque le plâtre fut enlevé, le squelette tomba et témoigna que Poulailler était sérieux.

Tenter d'arrêter un tel homme en manipulant ses partisans était pratiquement impossible. Aucune somme d'argent qui pourrait être offerte n'inciterait aucun des membres de sa bande à risquer le hasard fatal de sa vengeance. D'autres moyens de s'en emparer avaient été essayés, et essayés en vain. À cinq reprises, la police avait réussi à le traquer jusqu'à différentes cachettes ; et à cinq reprises, les femmes, qui l'adoraient pour sa bravoure, sa générosité et sa beauté, l'avaient aidé à s'échapper. S'il n'avait pas inconsciemment ouvert la voie à sa propre capture, d'abord en s'enfuyant avec Mademoiselle Wilhelmina de Kirbergen , et ensuite en la maltraitant, il est plus que douteux que le long bras de la justice aurait jamais atteint assez loin pour serrer son emprise. sur lui. En fait, les extrêmes de l'amour et de la haine se rencontrèrent enfin dans le sein de la dévouée Wilhelmina ; et la vengeance d'une femme négligée accomplit ce que toute la police de Paris avait été impuissante à accomplir.

Poulailler , jamais célèbre pour la constance de ses attachements, s'était lassé de bonne heure du compagnon de sa fuite d'Allemagne - mais Wilhelmina était une de ces femmes dont les affections, une fois éveillées, n'acceptent pas non pour réponse. Elle persistait à s'attacher à un homme qui avait cessé de l'aimer. La patience de Poulailler s'épuisait ; il essaya à deux reprises de se débarrasser de sa malheureuse maîtresse, une fois par le couteau et une fois par le poison, et échoua à chaque fois. Pour la troisième et dernière fois, en tentant une expérience d'un autre genre, il institua un rival pour chasser la femme allemande de la maison. A partir de ce moment, son sort fut scellé. Fouée par une rage jalouse, Wilhelmina jeta aux vents les derniers fragments de son affection. Elle a communiqué secrètement avec la police et Poulailler a connu sa perte.

Une nuit fut fixée avec les autorités ; et le voleur fut invité par sa maîtresse abandonnée à une entrevue d'adieu. Sa confiance méprisante dans sa fidélité le rendait insouciant de ses précautions habituelles. Il a accepté la nomination; et tous deux soupèrent ensemble, étant entendu qu'ils seraient désormais amis, et rien de plus. Vers la fin du repas, Poulailler fut surpris par un changement épouvantable dans le visage de son compagnon.

"Qu'est ce qui ne vas pas chez toi?" Il a demandé.

"Une simple bagatelle", répondit-elle en regardant son verre de vin. "Je ne peux m'empêcher de t'aimer encore, malgré le mal que tu m'as traité. Tu es un homme mort, Poulailler ... et je ne te survivrai pas."

Le voleur se leva brusquement et saisit un couteau sur la table.

"Tu m'as empoisonné?" il s'est excalmé.

"Non," répondit-elle. "Le poison est ma vengeance sur moi-même, pas ma vengeance sur *vous* . Vous vous lèverez de cette table en vous y asseyant. Mais votre soirée se terminera en prison et votre vie se terminera sur la roue."

Au moment où elle prononçait ces mots, la porte fut ouverte par la police et Poulailler fut mis en sécurité. La nuit même, le poison fit son œuvre fatale ; et sa maîtresse expiait de sa vie la première, la dernière trahison qui l'avait vengée de l'homme qu'elle aimait.

Une fois déposé en toute sécurité entre les mains de la justice, le voleur a tenté de gagner du temps pour s'enfuir, en promettant de faire d'importantes révélations. La manœuvre ne lui servit à rien. À cette époque, les lois du pays n'avaient pas encore fait connaissance avec les lois de l'humanité. Poulailler fut soumis à la torture, on le laissa guérir, il fut publiquement brisé sur la roue, et il en fut retiré vivant pour être jeté dans un feu ardent. Par ces moyens meurtriers, la société se débarrassait d'un homme meurtrier, et les badauds des boulevards reprenaient leur promenade du soir dans une sécurité retrouvée.

Paris avait vu l'exécution de Poulailler — mais, à en croire les légendes, nos vieux amis, les gens du village de pêcheurs de Bretagne, ont vu sa fin après. Le jour et l'heure où il périt, le ciel s'assombrit et une terrible tempête s'éleva. Une fois de plus, et pour un instant seulement, la lueur du feu surnaturel rougit les fenêtres de la vieille Tour. Le tonnerre gronda et frappa le bâtiment en fragments. Des éclairs éclairaient sans cesse les ruines ; et, dans sa clarté brûlante, on vit le bateau qui, autrefois, prendre la mer lorsque la tempête montait le plus fort, fut vu jaillir de la fente du rocher dans l'océan déchaîné - et fut découvert, à ce moment-là. dernière occasion, à doubler. Le Démon-Pêcheur était assis à la barre ; son fils adoptif tirait sur les rames ; et une clameur de voix diaboliques, rugissant terriblement à travers la tempête rugissante, leur souhaitait à tous deux un voyage prospère.

CROQUIS DE CARACTÈRE.—IV.
LA CHAMBRE DE BACHELOR.

Le grand mérite de ce sujet, c'est qu'il démarre tout seul.

La chambre Bachelor est familière à tous ceux qui possèdent une maison de campagne et à tous ceux qui ont séjourné dans une maison de campagne. C'est le seul appartement de couchage spécial, dans toutes les résidences civilisées utilisé pour la réception de sociétés, qui conserve un caractère qui lui est propre. Les gens mariés et les jeunes femmes peuvent être déplacés de chambre en chambre selon leur propre caprice ou la convenance domestique de leur hôte. Mais l'hôte célibataire, une fois qu'on lui a réservé sa chambre, s'arrange pour la consacrer dès ce moment à l'occupation perpétuelle des hommes seuls. Qui d'autre aura ensuite la chambre, alors que l'atmosphère même de celle-ci est altérée par la fumée du tabac ? Qui oserait l'ouvrir à des célibataires nerveuses ou à des couples mariés respectables, quand le valet de pied est certain, par simple force d'habitude, de se présenter à la porte, avec des bouteilles et des verres de contrebande, après que le reste de la famille se sera retiré. pour la nuit? Où, même si ces difficultés pouvaient être surmontées, trouverait-on un deuxième appartement pour dormir, dans n'importe quelle maison de construction ordinaire, suffisamment isolé pour garantir que la partie des invités qui se repose sobrement ne soit pas dérangée par la fête régulière de minuit à laquelle le célibataire persiste. en cédant dans sa chambre ? Les salles à manger et les salles de petit-déjeuner peuvent changer de place ; les chambres à deux lits et les chambres à un lit peuvent déplacer leurs caractères respectifs d'avant en arrière à l'amiable les unes par rapport aux autres, mais la chambre de garçon reste immobile à sa place ; s'en tient immuablement à son propre mauvais caractère ; se démarque victorieusement, que la maison soit pleine ou vide, la seule institution hospitalière qu'aucune pensée repentante d'hôte ou d'hôtesse ne puisse jamais espérer supprimer.

Un phénomène social comme celui-ci, pris avec les circonstances qui l'entourent, mérite plus d'attention qu'il n'en a reçu jusqu'à présent. Le célibataire a été servi à profusion sur toutes sortes de tables littéraires ; mais sa présentation a été jusqu'ici remarquable par une saveur singulièrement monotone de sauce matrimoniale. Nous avons entendu parler de sa solitude et de son remède ; de sa position solitaire dans la maladie et de son remède ; de la misérable négligence de son linge et de son remède. Mais qu'avons-nous entendu parler de lui à propos de sa remarquable chambre à coucher, à ces époques de son existence où, comme le reste du monde, il visite la maison de campagne de son ami ? Qui l'a présenté, dans ses relations avec la société conjugale, dans ces circonstances particulières de sa vie, lorsqu'il est loin de ses chambres solitaires et est jeté directement dans le centre sacré de ce cercle familial d'où ses habitudes ordinaires sont si universellement supposées l'exclure ? Voilà sûrement un nouvel aspect du célibataire qui reste à présenter ; et voici un nouveau sujet pour les lecteurs épuisés du XIXe siècle, dont la source de nouveauté littéraire est épuisée à la source.

Permettez-moi d'esquisser l'histoire, en prévision d'un grand et sérieux ouvrage que je compte faire un de ces jours sur le même sujet, de la chambre de célibataire, dans une certaine maison de campagne confortable, dont les portes hospitalières s'ouvrent à moi avec au début de l'été, et ne fermez plus jusqu'à la fin de l'automne. Je dois demander la permission de traiter ce sujet intéressant du point de vue purement humain. En d'autres termes, je me propose de décrire, non pas la Chambre elle-même, mais la succession de célibataires remarquables qui y sont passés de mon temps.

La maison de campagne hospitalière à laquelle je fais référence est Coolcup House, la résidence de ce gentleman-farmer entreprenant et respecté président des Quarter Sessions, Sir John Giles. La chambre célibataire de Sir John a été judicieusement aménagée au rez-de-chaussée. C'est le seul appartement pour dormir dans cette partie de la maison. Les célibataires agités peuvent sauter sur la pelouse, la nuit, à travers le bow-window, sans déranger personne pour déverrouiller la porte d'entrée ; et peut communiquer avec le génie qui préside la cave en traversant simplement le hall. Pour le reste, la chambre est délicieusement aérée et spacieuse, et aménagée avec tout le luxe possible. Tout a commencé dans la vie, sous les auspices attentifs de Sir John, la perfection de la propreté et de l'ordre. Mais les célibataires l'ont corrompu depuis longtemps. Quel que soit le soin avec lequel les domestiques la nettoient, la modifient et l'arrangent, la pièce perd à nouveau sa respectabilité et devient négligée et impraticable dès qu'ils lui tournent le dos. Sir John lui-même, l'homme le plus propre qui soit, a abandonné tout espoir de le réformer. Il jette un coup d'œil de temps en temps, soupire et secoue la tête, met une chaise à sa place, redresse une gravure sur le mur, regarde autour de lui la détritus et la confusion générale, puis abandonne et ressort. C'est un homme rigide et déterminé en matière d'ordre, et il a ce qu'il veut dans le reste de la maison, mais la chambre de garçon est trop pour lui.

Le premier célibataire qui habitait la pièce lorsque j'ai commencé à être un invité à Coolcup House était M. Bigg .

M. Bigg est, au sens le plus strict du terme, ce que vous appelez un homme bien. Il mesure plus de six pieds, est plus que assez gros pour sa taille, tient noblement la tête et s'habille dans un style mêlé de gaieté et de grandeur qui impressionne tout le monde. Les chemises du matin de M. Bigg ont un motif si grand que personne, à l'exception de son mercier, ne sait ce qu'est réellement ce motif. Vous en voyez un peu sur un côté de son col qui semble carré, et un peu de l'autre côté qui semble rond. Il monte sur son bras sur l'un de ses bracelets et descend sur son bras sur l'autre. Les hommes qui ont vu ses chemises (si une telle déclaration peut être permise) et dispersés librement, à la grande horreur de Sir John, sur toutes les chaises de la chambre à coucher, ont été interrogés et n'ont pas été trouvés en mesure de déclarer que leurs yeux suivi les modèles de l'un d'entre eux assez jusqu'au bout. En matière de vêtements beaux et coûteux pour le cou, M. Bigg est tout simplement inépuisable. Chaque matin, il apparaît au petit-déjeuner avec une écharpe fraîche et tape magnifiquement son œuf avec un éclat quotidien de nouvelles couleurs qui brille sur sa vaste poitrine, pour charmer les yeux des jeunes dames assises en face de lui. Tous les autres éléments constitutifs du costume de M. Bigg sont tout aussi grandioses et attrayants, et sont mis en valeur par la silhouette enviable de M. Bigg avec un égal avantage. En dehors de la Bachelor Bedroom, il est tout à fait un personnage irréprochable en termes de tenue vestimentaire. En dehors de la chambre de célibataire, il est essentiellement un homme du monde, sur lequel on peut compter pour jouer n'importe quel rôle qui lui est attribué dans toute société réunie à Coolcup House ; qui a vécu parmi tous les rangs et toutes sortes de personnes ; qui a rempli une situation publique avec une grande ampleur et dignité, et s'est assis à table avec des têtes couronnées, et y a joué son rôle avec distinction ; qui peut parler de ces expériences, et d'autres qui leur ressemblent, avec une aisance et une aisance curieuses, et peut passer à d'autres sujets, passer la bouteille, tailler et attirer des gens modestes, et assumer toutes les autres responsabilités sociales ses propres épaules avec complaisance, lors du dîner de comté le plus grand et le plus morne que Sir John, à son grand désarroi, puisse être obligé d'organiser. Tel est M. Bigg dans la société de la maison, lorsque la porte de la chambre du célibataire s'est refermée derrière lui.

Mais qu'est-ce que M. Bigg , quand il a courtoisement souhaité bonne nuit aux dames, quand il a secrètement convoqué le valet de pied avec le plateau subreptice, et quand il a trompé les hommes mariés sans scrupules de la fête en leur faisant discuter confortablement pendant une demi-heure avec lui. avant qu'ils montent à l'étage ? Un autre être, un être inconnu des dames et insoupçonné des invités respectables. À l'intérieur de la chambre, l'aspect extérieur de M. Bigg change comme par magie ; et une sorte de négligence magnifique l'envahit de la tête aux pieds. Les boutons qui l'ont retenu rigidement dans des limites physiques distinctes glissent épuisés hors de leurs boutonnières ; et la figure de M. Bigg s'étend soudain et s'affirme pour la première fois comme un fait saillant. Sa cravate vole jusqu'à la chaise la plus proche, son col de chemise rigide s'ouvre en grand, ses moustaches raides suintent abondamment à la vue, son manteau, son gilet et ses bretelles tombent de ses épaules. Si les deux jeunes dames qui dorment dans la chambre du dessus et qui se plaignent de façon déraisonnable des croassements et des grognements nocturnes incessants dans la chambre de célibataire pouvaient maintenant regarder à travers le plafond, elles ne connaîtraient plus M. Bigg et ne le connaîtraient plus. On soupçonne qu'un artisan dissipé s'est introduit dans la maison de Sir John.

De la même manière, la société qui a siégé dans le siège de M. Bigg voisin, à table à sept heures, aurait du mal à reconnaître sa conversation à minuit. À l'extérieur de la chambre du célibataire, si son discours a montré qu'il était quelque chose, il a montré qu'il était exactement le contraire d' un passionné. Dans la chambre de célibataire, après que toute l'attention voulue ait été portée à la boîte à cigares et au plateau du valet de pied, il devient inexplicablement évident pour tout le monde que M. Bigg est, après tout, un personnage fanatique, un homme possédé d'une idée fixe. C'est alors, et alors seulement, qu'il confie mystérieusement à ses camarades fêtards qu'il est le seul homme remarquable en Grande-Bretagne à avoir découvert la véritable paternité des Lettres de Junius . Dans la société générale de la maison, personne ne l'entend jamais parler de ce sujet ; personne ne se doute jamais qu'il s'intéresse aux questions littéraires au-delà de l'intérêt le plus ordinaire. Dans la société sélect de la Chambre, inspiré par le plateau subreptice et le secret de minuit, enveloppé dans des nuages de fumée de tabac et libéré de la contrainte de ses propres vêtements magnifiques, la vérité s'envole de M. Bigg , et la paternité de l'ouvrage de Junius Les lettres deviennent le seul sujet morne sur lequel cet homme aux talents variés persiste à s'étendre pendant des heures entières. Mais pour la Bachelor Bedroom, personne vivant n'aurait jamais découvert que la véritable clé pour débloquer le personnage de M. Bigg est Junius . Si le sujet est évoqué le lendemain par ses compagnons de nuit, il refuse d'y prêter attention ; mais, une fois de retour dans la chambre à coucher, il le reprend vivement, comme si la tentative d'y faire référence avait été faite juste un instant auparavant. La dernière fois que je l'ai vu, c'était dans la chambre du célibataire. Il était trois heures du matin ; deux gobelets étaient cassés ; il y avait un demi-citron dans le porte-savon, et le savon lui-même était sur la cheminée ; Des mariés agités, qui craignaient désespérément de réveiller leur femme en nous quittant, allaient et venaient distraitement et croquaient sous leurs pieds des grains de pain de sucre ; M. Bigg se tenait debout, son quatrième cigare à la bouche, devant le feu ; une de ses mains était dans le sein renversé de sa chemise, l'autre serrait la mienne, tandis qu'il me nommait pathétiquement son exécuteur littéraire et me léguait généreusement sa grande découverte de la paternité des Lettres de Junius . Dans l'ensemble, M. Bigg est le célibataire le plus incorrigible jamais enregistré dans les annales de The Bedroom ; il a consommé plus de bougies, commandé plus de plateaux de valets de pied, vu plus de lumière du jour et produit plus de visages pâles parmi les messieurs à l'heure du petit déjeuner, que n'importe quel autre visiteur de Coolcup House.

Le prochain célibataire dans l'ordre de succession, et le contraste le plus complet imaginable avec M. Bigg , est M. Jeremy.

M. Jeremy est peut-être le petit homme le plus misérable qui ait jamais chancelé sous la forme de l'humanité. Portez tous les vêtements qu'il peut, il a toujours l'air minable dedans. Il est victime d'accidents perpétuels et d'une santé perpétuelle ; et la chambre de célibataire, lorsqu'il l'habite, est transformée en boutique de médecin et est partout hérissée de flacons et de pilules. L'hommage personnel de M. Jeremy à l'hospitalité de Coolcup House est toujours rendu à son hôte de la même manière singulièrement insatisfaisante. Un jour de la semaine, il se gave gaiement de nourriture et de boisson et s'élève au septième ciel de la béatitude conviviale. Sur les six autres, il est invariablement malade, réduit aux rigueurs extrêmes de la famine et de la médecine, sombre dans les profondeurs les plus basses de la dépression et adopte les vues les plus amères qu'on puisse imaginer sur la vie humaine. Il ne s'est pratiquement pas produit un seul accident à Coolcup House dans lequel il n'ait été personnellement et principalement concerné ; Il est peu probable qu'une seule maladie puisse survenir au corps humain dont il n'ait pas pratiquement illustré les ravages dans sa propre personne sous le toit de Sir John. Si un invité, à la saison des fruits, terrifie les autres en se tordant sous les sanctions internes dans de tels cas faites et prévues par les lois de la nature, c'est bien M. Jeremy. Si quelqu'un dégringole en haut ou en bas, ou d'un cheval, ou d'une charrette à chien, c'est bien M. Jeremy. Si vous voulez un cas d'entorse de la cheville, un cas de goutte supprimée, un cas de mal d'oreille compliqué, un mal de dents, un mal de tête et un mal de gorge, tout en un, un cas de foie, un cas de poitrine, un cas de nerfs, ou En cas de faible fièvre, rendez-vous à Coolcup House pendant que M. Jeremy y séjourne, et il vous fournira, sur demande, dans les plus brefs délais et dans n'importe quelle mesure. Les amis intimes de ce célibataire extrêmement misérable supposent qu'il n'a que deux sources de consolation sur lesquelles puiser, pour compenser ses innombrables ennuis. Le premier est le luxe de se tordre le nez d'un côté et de boucher ses voies respiratoires et ses trompes d'Eustache avec des quantités inconcevables de tabac fort. La seconde est la satisfaction oléagineuse d'oindre sans cesse sa misérable petite barbe et ses moustaches avec de la graisse d'ours bon marché, qui rancit toujours sur place avant qu'il en ait à moitié fini. Lorsque M. Jeremy donne une soirée dans la Bachelor Bedroom, ses invités ont le plaisir inattendu de le voir prendre son médecin, de l'entendre décrire ses maladies et raconter ses accidents. À d'autres égards, l'influence morale de la Chambre sur les caractères de ceux qui l'occupent, qui présente M. Bigg sous l'aspect littéraire inattendu d'un commentateur de Junius , incite M. Jeremy à trahir un horrible triomphe et un intérêt pour les maladies d'autrui, dont personne ne le soupçonnerait dans la société générale de la maison.

«Je vous ai remarqué aujourd'hui après le dîner», dit en de telles occasions ce célibataire invalide à tous les invités de la chambre qui seraient assez téméraires pour se plaindre du moindre inconfort en sa présence; "J'ai vu les coins de votre bouche devenir verts et le blanc de vos yeux jaune. Vous avez mal ici", dit M. Jérémie en indiquant gaiement l'endroit auquel il fait référence sur son propre cadre brisé, avec une apparence d'un goût extrême - "une douleur *ici* , et une sensation comme si vous aviez un boulet de canon à l'intérieur de vous, *là"* . mal de tête, et une langue brun foncé, et un autre boulet de canon dans l'intérieur. Mon cher, je suis un vétéran de ce genre de choses et je sais exactement dans quel état tu seras la semaine prochaine et la semaine d'après. , et quand vous devrez essayer le bord de la mer, et combien de kilos vous perdrez avec une certitude absolue, avant de pouvoir espérer surmonter cette attaque. Supposons que nous regardions sous ses côtes, du côté droit de lui. ?" poursuit M. Jérémie en s'adressant confidentiellement à l'entreprise en général. "Je mets n'importe qui à cinq contre un si nous trouvons une grosseur alarmante sous la peau. Et cette grosseur sera son foie !"

Ainsi, tandis que M. Bigg étonne toujours les invités de la chambre au sujet de Junius , M. Jeremy les alarme toujours au sujet d'eux-mêmes. M. Smart, le prochain et troisième célibataire, placé dans une situation semblable, se montre sous un aspect plus agréable et rend la société qui l'entoure, pour la nuit au moins, suprêmement heureuse.

Le premier jour de son arrivée à Coolcup House, M. Smart nous a tous trompés. Lorsqu'il nous a été présenté pour la première fois, nous avons été profondément impressionnés par la solennité sereine de la voix, de l'apparence, des manières et du costume de ce gentleman. Il était habillé avec autant de soin que M. Bigg lui-même, mais selon des principes totalement différents. M. Smart était terriblement et merveilleusement gentleman en évitant tout ce qui s'approchait des couleurs vives sur n'importe quelle partie de son corps. Des vêtements quakers ternes et gris l'habillaient le matin. Un noir lugubre, que ne soulageait pas un atome de bijou , pas même une fleur à sa boutonnière, l'enveloppait sinistrement le soir. Il se déplaçait dans la pièce et dans le jardin d'un pas fantomatique et solennel. Lorsque les dames devenaient brillantes dans leur conversation, il leur souriait avec une modestie déférente et une admiration grandisonienne polie qui glaçait le sang de « nous, les jeunes » dans nos veines. Quand il parlait, c'était comme lire un passage d'un élégant écrivain moral : les mots étaient si joliment arrangés, les phrases étaient tournées si musicalement, le sentiment véhiculé était si délicieusement bien réglé, si vertueusement approprié à rien de particulier. Dans de tels moments, il parlait toujours d'une voix traînante lente, profonde et douce, avec une emphase d'une clarté passionnante sur chaque syllabe individuelle. Son discours ressemblait parfois à une sorte d'anglais étranger de haute qualité, parlé par un étranger distingué qui maîtrisait la langue à un point tel qu'il dépassait complètement les indigènes. Nous avons guetté avec envie toute la journée tout signe d'infirmité humaine chez cet individu surprenant. Les hommes ne l'ont détecté en rien. Même les yeux les plus perçants des femmes ne découvraient qu'il était accro à se regarder affectueusement dans tous les verres de la maison, lorsqu'il pensait que personne ne le remarquait. À l'heure du dîner, nous avions tous mis notre confiance dans l'excellent vin de Sir John et attendions avec anxiété son effet légitime sur l'étranger superbe et glacial. Il n'en est rien sorti ; M. Smart était aussi soigneusement gardé avec la bouteille qu'avec la langue anglaise. Pendant toute la soirée, il s'est si bien comporté que nous avons commencé à le haïr. Lorsque la compagnie se sépara pour la nuit, et lorsque M. Smart (qui était juste assez mortel pour être célibataire) nous invita à prendre un cigare dans la chambre, son anglais étranger de haute qualité était encore à la perfection ; sa voix traînante avait atteint son apogée élocutoire de lenteur riche et douce ; et son sourire grandisonien était plus exaspéré et plus posé que jamais.

La porte de la chambre s'est fermée sur nous. Nous ôtâmes nos manteaux, déchirons nos gilets, nous précipitâmes en masse sur la boîte à cigares du nouveau célibataire et invoquâmes le mauvais génie du plateau du valet de pied.

Au premier tour de gobelets, le faux M. Smart a commencé à disparaître, et le vrai M. Smart s'est approché, pour ainsi dire, d'une distance visionnaire et a pris sa place parmi nous. Il rit – Grandison rit – à la portée de tous les hommes présents dans la pièce ! Nous en avons été surpris ; mais quelles furent nos sensations quand, moins de dix minutes après, les Anglais de haute race et le doux accent traînant disparurent mystérieusement, et surgirent sur nous, de l'embuscade de l'élocution précédente de M. Smart, l'élocution la plus joyeuse, la plus large et la plus large. le brogue irlandais le plus riche que nous ayons jamais entendu de notre vie ! Le mystère était désormais expliqué. M. Smart était recouvert d'une couche du vernis anglais le plus doux, pour la haute société du comté, que rien de mortel ne pouvait enlever, sauf la compagnie des célibataires et le whisky et l'eau. Il s'est glissé hors de son enveloppe anglaise bien ajustée, dans l'atmosphère détendue de la chambre de célibataire, avec autant de désinvolture qu'une jeune femme aux lacets serrés se glisse hors de son corset lorsque les yeux admiratifs du monde quittent sa taille pour la nuit. Jamais l'homme n'a été aussi changé que M. Smart l'était aujourd'hui. Ses sentiments moraux fondaient comme le sucre dans son grog ; sa grammaire disparut avec sa cravate blanche. La générosité sauvage et généreuse est soudain devenue la principale caractéristique de cet homme autrefois réticent. Nous avons essayé toutes sortes de sujets et avons été obligés de les abandonner tous, car M. Smart promettait de nous faire cadeau de tout ce dont nous parlions. Le manoir familial en Irlande renfermait tout ce que ce monde peut fournir ; et M. Smart était résolu à dissiper cette réserve inestimable de cadeaux distribués à la société très estimée. Il m'a promis une goélette et a noté le tonnage exact dans son portefeuille. Il a promis à mon voisin , d'un côté, un cheval et, de l'autre, une lettre autographe unique de Shakespeare. Nous avions parlé tous les trois respectivement de voile, de chasse et du drame britannique ; et nous nous taisions désormais de peur de recevoir de nouveaux cadeaux si nous essayions de nouveaux sujets. D'autres membres de l'assemblée festive reprirent le bal de la conversation et furent aussitôt prosternés sous des pluies de cadeaux pour leurs douleurs. Lorsque nous nous sommes tous séparés dans la rosée du matin, nous avons laissé M. Smart les cheveux ébouriffés , cochant ses volumineux mémorandums de cadeaux avec un crayon instable et nous suppliant pitoyablement, dans le plus riche anglais irlandais, de le corriger immédiatement si nous détections le moindre omission quelque part.

Le lendemain matin, au petit-déjeuner, nous nous demandions plutôt à quelle nation appartiendrait notre ami. Il dissipa tous les doutes dès qu'il ouvrit la porte, en entrant dans la chambre avec la vieille manette majestueuse ; saluer les dames avec le sourire serein de Grandison ; confiant que nous nous étions tous bien reposés pendant la nuit, dans une succession de phrases élégamment tournées ; et énonçant les Anglais de grande race avec cette voix traînante et imperturbable que nous avions tous imaginée, la nuit précédente, que nous avions perdue à jamais . Il resta plus de quinze jours à Coolcup House ; et, pendant tout ce temps, personne n'a jamais connu le vrai M. Smart, à l'exception des invités de la chambre du célibataire.

Le quatrième Bachelor de la liste mérite une considération et une attention particulières. D'abord parce qu'il se présente au lecteur sous le caractère d'un étranger distingué. En second lieu, parce qu'il a réussi, de la manière la plus aimable qu'on puisse imaginer, à bouleverser tous les arrangements établis de Coolcup House, tant à l'intérieur de la Bachelor Bedroom qu'à l'extérieur, depuis le moment où il y a franchi les portes jusqu'au moment où il les a laissés derrière lui lors de son retour propice dans son pays natal. Ceci, mesdames et messieurs, est une espèce de célibataire rare, probablement unique ; et M. Bigg , M. Jeremy et M. Smart n'ont aucune prétention à se comparer à lui sous la moindre lumière.

Quand je mentionne que l'invité de marque maintenant présenté est Herr von Müffe , il sera inutile pour moi d'ajouter que je fais référence à l'éminent poète allemand, dont les célèbres Chansons sans sens ont contribué de manière incommensurable à épaissir les obscurités lyriques de la harpe de son pays. À son arrivée à Londres, Herr von Müffe envoya sa lettre d'introduction à Sir John par la poste et reçut immédiatement, en retour, l'habituelle invitation hospitalière à Coolcup House.

L'éminent poète arriva à peine à temps pour s'habiller pour le dîner ; et fit sa première apparition dans notre entourage alors que nous attendions dans le salon le signal de bienvenue de la cloche. Il se dandinait parmi nous doucement et brusquement, sous la forme d'un vieux monsieur très petit, bouffi, fleuri, rond, avec des cheveux gris flottants et une paire d'énormes lunettes circulaires. L'extrême délabrement et la misère de son costume étaient si singulièrement rehaussées par la quantité d'ordres de mérite étrangers qu'il portait partout dans la partie supérieure, qu'un gentleman littéraire sarcastique parmi les invités me le définissait à voix basse comme un composé de « décorations et de saleté ». Sir John s'avança pour saluer son distingué invité, avec la main droite amicale tendue comme d'habitude. Herr von Müffe , sans dire un mot, prit soigneusement la main dans les siennes et exprima une reconnaissance affectueuse de l'hospitalité anglaise, en la transférant immédiatement dans cet espace vide entre sa chemise et son gilet qui s'étendait sur la région du cœur. Sir John devint écarlate et essaya en vain d'arracher sa main du sein trop affectueux du poète. La cloche du dîner sonna, mais M. von Müffe tint bon. La principale dame de la compagnie se leva à moitié et regarda son hôte avec perplexité. Sir John fit un nouvel effort désespéré pour s'échapper, mais échoua encore une fois. Elle fut conduite dans la salle à manger, à la vue de ses domestiques et de ses invités, avec sa main sentimentalement emprisonnée dans son gilet de visiteur étranger.

Après ce début romantique, M. von Müffe nous a plutôt surpris en montrant qu'il était décidément l'envers d'un sentimentaliste en matière de manger et de boire.

Ni plat ni bouteille ne passèrent au poète, sans lui rendre un lourd tribut, tout au long du repas. Il mélangeait surtout ses liqueurs avec le plus souverain mépris de toutes les considérations sanitaires ; boire du champagne et de la bière, le Constantia le plus doux et le porto le plus fauve, tous ensemble, avec chaque apparence de délectation la plus extrême . La conversation avec Herr von Müffe , tant au dîner que tout au long de la soirée, s'est avérée presque impossible, en raison du fait qu'il connaissait toutes les langues (y compris la sienne) de manière également incorrecte. Son allemand était considéré comme un dialecte jamais entendu auparavant ; son français était impénétrable ; son anglais était une énigme philologique que nous devinions tous et qu'aucun d'entre nous ne découvrait. Il parlait, malgré ces difficultés, sans cesse ; et, voyant qu'il versait des larmes à plusieurs reprises au cours de la soirée, les dames pensèrent que ses sujets étaient pour la plupart d'un caractère pathétique, tandis que les hommes les plus grossiers comparèrent leurs notes entre eux, et tous convinrent que l'invité de marque était ivre. Au moment de nous retirer, nous avons dû nous inviter dans la Bachelor

Bedroom ; Herr von Müffe n'avait aucun soupçon de nos habituelles orgies de minuit et ne ressentait apparemment aucun désir de nous divertir, jusqu'à ce que nous l'informions de l'institution du plateau de valet de pied - lorsqu'il devint tout à coup hospitalier et aimait déraisonnablement ses jeunes amis anglais gays. .

Pendant que nous nous installions autour du lit, un membre de la compagnie renversa l'une des grandes bottes Wellington du poète. Au grand étonnement de tous, il y eut aussitôt un tintement de pièces de monnaie, et quelques souverains et shillings roulèrent de façon surprenante sur le sol depuis les recoins les plus intérieurs de la botte. En recevant son argent, M. von Müffe nous informa, sans la moindre apparence d'embarras, qu'il n'avait pas eu le temps, avant le dîner, de retirer de ses bottes autre chose que sa montre, ses bagues et ses décorations. En nous voyant tous contempler cette explication incompréhensible, notre distingué ami a bien voulu nous éclairer davantage par une longue déclaration personnelle dans sa propre langue polyglotte. D'après ce que nous avons pu comprendre de ce récit (qui n'était pas grand-chose), nous avons déduit que M. von Müffe était parti ce jour-là à midi, en parfait étranger dans notre métropole, pour rejoindre la gare de London-bridge en fiacre ; et que le chauffeur l'avait fait traverser, comme d'habitude, le pont de Waterloo. En traversant le bourg, les rues étroites, les maisons misérables et la population sordide avaient frappé l'imagination vive de Herr von Müffe et avaient fait naître dans son esprit un horrible soupçon que le cocher le conduisait dans un quartier bas , dans le but de d'assassiner un étranger impuissant, en parfaite sécurité, pour le bien des objets de valeur qu'il transportait sur lui. Glacé jusqu'à la moelle par cette idée, le poète releva furtivement le bout de son pantalon dans le fiacre, glissa sa montre, ses bagues, ses commandes et son argent dans les jambes de ses bottes Wellington, arriva à la gare en tremblant d'horreur. terreur et a crié « Au secours ! » » à pleine voix, lorsque le policier des chemins de fer a ouvert la porte du taxi. Le départ immédiat du train ne lui avait pas laissé le temps de modifier les singulières dispositions de voyage qu'il avait prises dans le bourg ; et il arriva à Coolcup House, le seul individu qui soit jamais entré dans ce manoir avec sa propriété dans ses bottes.

Si amusante qu'elle fût en elle-même, cette anecdote manqua un peu de son effet sur nous sur le moment, en raison de l'atmosphère étouffante dans laquelle nous étions condamnés à l'entendre.

Bien que nous soyons alors au milieu de l'été étouffant et que nous fumions tous, M. von Müffe insistait pour que les fenêtres de la chambre de célibataire soient bien fermées, car c'était une de ses particularités de se méfier de l'effet rafraîchissant de l'air nocturne. Nous étions plus qu'à moitié enclins à y aller, dans ces circonstances ; et nous étions tout à fait déterminés à partir, lorsque le plateau arriva et que nous trouvâmes notre ami allemand mélangeant à nouveau follement ses liqueurs en versant ensemble du gin et du xérès dans le même verre. Nous l'avons prévenu, avec une prévision frémissante des conséquences, qu'il prenait du gin pour de l'eau ; et il nous a gentiment assuré en retour qu'il ne faisait rien de tel. "C'est bon pour mon..." dit M. von Müffe , suppléant à son ignorance du mot estomac en posant son index potelé sur l'organe en question, avec un sourire sentimental. "C'est mauvais pour Notre..." rétorqua le plaisantin du parti, imitant l'action du poète et se tournant rapidement vers la porte. Nous l'avons tous suivi et, pour la première fois dans les annales de Coolcup House, la Bachelor Bedroom a été vidée de toute personne avant minuit.

Tôt le lendemain matin, l'un des plus jeunes fils de Sir John a fait irruption dans ma chambre dans un état de violente excitation.

"Je dis, que faire de Müffe ?" » demanda le jeune gentleman avec des yeux écarquillés.

"Ouvrez ses fenêtres et allez chercher le médecin", répondis-je, inspiré par les souvenirs de la nuit passée.

"Médecin!" s'écria le garçon ; "le docteur ne fera pas l'affaire, c'est le barbier."

"Coiffeur?" Je répète.

"Il me demande *de le raser* !" rugit mon jeune ami avec une véhémente indignation comique. « Il sonna et demanda « le fils de la maison » — et on me fit partir ; et il était là, souriant dans le grand fauteuil, avec son petit blaireau galeux à la main et une serviette. par-dessus son épaule. « Bonjour, ma chère. Pouvez-vous raser mon... » dit-il en tapotant son vieux double menton tremblant avec son blaireau infernal. Maudit soit son impudence ! »

Je m'arrangeai pour expliquer à Herr von Müffe , à la première occasion opportune, que ce n'était pas l'usage en Angleterre, quoi qu'il en soit en Allemagne, que « le fils de la maison » rase les invités de son père ; et entreprit, en même temps, de diriger le poète vers la demeure du barbier du village. Lorsque l'invité allemand nous rejoignit au petit déjeuner, son menton mal rasé, les effets extérieurs de ses boissons mélangées et de son isolement à l'air frais ne tendaient en aucune façon à améliorer son apparence personnelle. En termes simples, il ressemblait à une misère dyspeptique.

"J'ai bien peur, monsieur, que vous ne vous sentiez pas aussi bien ce matin que nous pourrions tous le souhaiter ?" » dit Sir John avec bonté.

M. von Müffe regarda affectueusement son hôte, examina l'assistance autour de la table, sourit faiblement, posa de nouveau son index potelé sur l'orgue dont il ne connaissait pas le nom et répondit avec la plus charmante innocence et la plus simple :

"Je suis *si* malade!"

Il n'y a eu aucun mal – ma foi, il n'y a eu aucun mal chez Herr Von Müffe . Au contraire, il y avait beaucoup de bonhomie et de simplicité authentique dans sa composition. Mais c'était un homme naturellement dépourvu de toute capacité de s'adapter à de nouvelles personnes et à de nouvelles circonstances ; et il devint en conséquence aimablement insupportable pour tout le monde dans la maison, pendant toute la durée de sa visite. Il ne pouvait se joindre à l'un de nous dans aucune diversion de campagne. Il se promenait dans la maison et dans le jardin d'une manière faible, hésitante, sans but, arrivant toujours au mauvais moment et s'attachant toujours à la mauvaise personne. Il était adroit, d'une manière tout à fait enfantine, pour découper dans du papier de petites figures de bergers et de bergères ; et il présentait perpétuellement ces frêles hommages d'admiration aux dames, qui toujours les déchiraient et les jetaient en secret dès qu'il lui tournait le dos. Lorsqu'il n'était pas occupé avec ses figurines en papier, il était dans le jardin, rassemblant d'innombrables petits bouquets et les présentant sentimentalement à tout le monde ; non seulement aux dames, mais aussi aux vigoureux messieurs agricoles, qui les acceptèrent avec un étonnement vide ; et aux écoliers, à la maison pour les vacances, qui les emmenaient, éclatant de rire intérieur devant le monsieur "molly-coddle" venu de l'étranger. Quant au pauvre Sir John, il a souffert plus que n'importe lequel d'entre nous ; car Herr von Müffe cherchait toujours à l'embrasser. Enfin, avec les meilleures intentions du monde, ce malheureux célibataire étranger fatigua la patience de tout le monde dans la maison ; et, à notre grande honte, nous avons célébré son départ, lorsqu'il nous a finalement quittés, par une réunion de fête dans la chambre des célibataires, en l'honneur de l'absence bienvenue de Herr von Müffe .

Je ne peux pas dire dans quel esprit mes confrères fêtards ont réfléchi sur notre conduite depuis lors ; mais je sais, pour ma part, que je repense maintenant à ma participation personnelle à nos travaux avec une conscience plutôt inquiète. Je crains que nous ayons tous été un peu durs envers Herr von Müffe ; et je désire par la présente lui offrir mon propre hommage individuel d'expiation tardive, en le laissant figurer comme le dernier et le couronnement du type de l'espèce célibataire présentée dans ces pages. S'il a produit quelque chose qui s'approche d'un effet agréable sur l'esprit du lecteur, cet effet ne sera pas affaibli par l'apparition d'autres hommes célibataires, indigènes ou étrangers. Laissez la porte de la chambre Bachelor se fermer avec notre dernier aperçu de l'invité allemand ; et permettez au présent chroniqueur de déposer la plume lorsqu'il aura tracé avec pénitence, pour la dernière fois, le nom de Herr von Müffe .

COINS ET COINS DE L'HISTOIRE.
III.
UNE RÉVOLUTION REMARQUABLE.

Une révolution suffisamment grave pour renverser un souverain régnant — qui est suffisamment courte pour ne durer que neuf heures — et qui est suffisamment paisible pour commencer et se terminer sans qu'une seule vie ne soit prise ou sans effusion d'une goutte de sang, est certainement une révolution. phénomène de l'histoire des affaires humaines qui mérite d'être étudié avec attention. Une telle révolution s'est réellement produite, dans l'empire de Russie, il y a à peine plus d'un siècle et quart. Le récit tenté ici sur son ascension, ses progrès et sa fin peut être considéré comme fidèle à la vérité. Aussi extraordinaires qu'ils puissent paraître, les événements décrits dans ce fragment d'histoire sont des faits du début à la fin.

Nous commençons par un célèbre personnage russe : Pierre le Grand. Son fils, qui n'est peut-être pas injustement désigné sous le nom de Pierre le Petit, mourut en l'an mil sept cent trente. Avec la mort de ce dernier personnage surgirent des difficultés politiques, qui aboutirent au renversement facile d'un souverain souverain à minuit, et à l'installation facile d'un autre à neuf heures le lendemain matin.

Outre le fils qu'il laissa pour lui succéder, Pierre le Grand avait une fille dont le titre était princesse et qui s'appelait Elisabeth. La veuve de Pierre, la célèbre impératrice Catherine, étant une femme prévoyante, fit un testament qui contenait l'expression de ses souhaits concernant la succession au trône, et qui désignait clairement et proprement la princesse Elizabeth (il n'y avait pas de loi salique dans Russie) comme souverain régnant qui sera choisi après la mort de son frère Pierre le Petit. Rien, apparemment, ne pouvait être plus simple que la voie à suivre, à cette époque, pour nommer un nouveau dirigeant sur le peuple russe.

Mais il se trouvait à la Cour deux nobles, le prince d'Olgorowki et le comte Osterman, qui avaient intérêt à compliquer les affaires liées à la succession.

Ces deux personnages distingués possédaient un pouvoir et une autorité considérables sous le faible règne de Pierre le Petit, et ils connaissaient suffisamment le caractère résolu et indépendant de sa sœur pour douter de ce qu'il adviendrait de leur position à la cour et de leurs privilèges politiques après la victoire de la princesse Elizabeth. était assis sur le trône. Aussi ne perdirent-ils pas de temps pour désigner un candidat rival de leur choix, qu'ils élevèrent adroitement à la dignité impériale, avant que les partisans de la princesse Elisabeth eussent le temps de contester l'autorité sous laquelle ils agissaient. La nouvelle souveraine, ainsi injustement investie du pouvoir, était une femme — Anne, duchesse douairière de Courlande — et la Le prétexte sous lequel le prince d'Olgorowki et le comte Osterman la proclamèrent impératrice de Russie, était que Pierre le Petit leur avait fait part confidentiellement, sur son lit de mort, du désir que la duchesse douairière soit choisie comme souveraine pour lui succéder.

Le principal résultat de l'occupation du trône par la duchesse douairière fut la complication supplémentaire des affaires politiques confuses de la Russie. La nouvelle impératrice avait le souci de l'avancement de sa famille ; et, parmi les autres parents dont elle subvenait aux besoins, il y avait une nièce, nommée Catherine, qu'elle épousa avec le prince de Brunswick, beau-frère du roi de Prusse. Le premier enfant né du mariage était un garçon nommé Ivan. Avant d'avoir atteint l'âge de deux ans, la nouvelle impératrice mourut ; et, quand son testament fut ouvert, on découvrit, à la stupéfaction de tous, qu'elle avait désigné cet enfant pour lui succéder sur le trône de Russie.

Le motif privé qui poussa l'impératrice à prendre cette voie extraordinaire, fut son désir de remettre le pouvoir souverain entre les mains d'un de ses favoris , le duc de Biren , en nommant ce noble comme tuteur de l'enfant Ivan. Pour atteindre cet objectif, elle avait non seulement négligé les prétentions légitimes de la fille de Pierre le Grand, la princesse Elizabeth, mais avait également complètement négligé les intérêts de la mère d'Ivan, qui estimait naturellement qu'elle avait le droit de monter sur le trône, en tant que personne la plus proche. relation de l'impératrice décédée et de la mère de l'enfant désigné pour être le futur empereur. A l'étonnement et au mécontentement ainsi produits, un autre élément de confusion s'ajoutait par l'incapacité totale du duc de Biren d'occuper honorablement le poste d'autorité qui lui avait été assigné. Avant d'être en fonction depuis longtemps, il céda complètement à la double responsabilité de diriger les affaires de la Russie et de diriger l'éducation du futur empereur. La mère d'Ivan vit l'occasion de faire valoir ses droits que lui offrait la faiblesse du duc. C'était une femme résolue; et elle saisit son opportunité en bannissant Biren en Sibérie et en prenant sa place comme régent de l'Empire et tutrice de son fils en bas âge.

Tel fut jusqu'à présent le résultat de la grande lutte pour la couronne qui commença avec la mort du fils de Pierre le Grand. Telle était la situation en Russie au moment où éclata la révolution.

Malgré toutes les disputes qui distrayaient le pays, la princesse Elizabeth vivait dans la retraite de son propre palais, attendant secrètement, patiemment et avec vigilance l'occasion opportune de faire valoir ses droits. Elle était, dans tous les sens du terme, une femme remarquable, et elle comptait deux hommes remarquables parmi les partisans de sa cause. L'un était l'ambassadeur de France à la cour de Russie, le marquis de la Chétardie . L'autre était le chirurgien de la maison d'Elizabeth, un Allemand nommé

Lestoc . Le Français avait de l'argent à dépenser ; l'Allemand avait de l'intelligence pour comploter. Tous deux étaient des hommes au courage éprouvé et à la volonté résolue ; et tous deux étaient destinés à occuper les premières places dans la lutte à venir. Ce n'est certainement pas la circonstance la moins curieuse de la révolution extraordinaire que nous allons décrire maintenant, qu'elle ait été planifiée et exécutée par deux étrangers. Dans la lutte pour le trône russe, les indigènes du sol russe n'étaient utilisés que comme des instruments maniables et dirigés au gré de l'ambassadeur de France et du chirurgien allemand.

Le marquis et Lestoc , observant les signes des temps, arrivèrent à la conclusion que la période du bannissement du duc de Biren et de la prise du pouvoir suprême par la mère d'Ivan, était aussi la période pour opérer la révolution qui était de placer la princesse Elizabeth sur le trône de ses ancêtres. Le mécontentement en Russie s'était alors largement répandu dans toutes les classes. Le peuple était irrité par le despotisme que lui infligeaient les étrangers. La noblesse indigène se sentait indignée de se voir exclue des privilèges qui avaient été concédés à son ordre sous les règnes précédents, avant que les étrangers de Courlande ne s'emparent du pouvoir. On pouvait compter en grande partie sur l'armée pour répondre à tout appel audacieux qui pourrait lui être adressé, en faveur de la fille de Pierre le Grand. Forts de ces chances en leur faveur , Français et Allemand se mirent à l'œuvre pour organiser les éléments épars du mécontentement. Le marquis ouvrit sa bourse bien remplie ; et le chirurgien Lestoc rôdait dans la ville et dans le palais avec des yeux attentifs, avec une langue persuasive, avec des mains délicatement corrompues. Le grand objectif à atteindre était de réussir à manipuler le régiment de service au palais ; et cela fut accompli habilement et rapidement par Lestoc . En quelques jours seulement, il parvint à s'assurer de tous les officiers considérables du régiment, et en outre de certains hommes choisis dans les rangs. En comptant les membres de la conspiration militaire ainsi organisée , ils étaient au nombre de trente-trois. Exactement le même nombre d'hommes avaient jadis comploté le renversement de Jules César et y avaient réussi.

Les choses en étaient là lorsque les soupçons de la duchesse régente (c'était le titre que la mère d'Ivan avait maintenant pris) furent soudainement excités, sans la moindre raison apparente pour les éveiller. Rien de dangereux n'avait encore été tenté ouvertement, et aucun des conspirateurs n'avait trahi le secret. Cependant la duchesse régente commençait à douter ; et, un matin, elle étonna et alarma le marquis et Lestoc en faisant venir, sans aucun avertissement préalable, la princesse Elisabeth, et en lui adressant une série de questions approfondies dans un entretien particulier. Heureusement pour le succès du complot, la fille de Pierre le Grand était plus que de taille pour la duchesse régente. Du début à la fin, Elizabeth se montra à la hauteur de la situation dangereuse dans laquelle elle se trouvait placée. La duchesse ne découvrit rien ; et les têtes des trente-trois conspirateurs restèrent en sécurité sur leurs épaules.

Cette chance a agi sur Lestoc, rusé et résolu , comme un avertissement pour qu'il se dépêche. Entre le danger d'attendre que le complot mûrisse et le risque de le laisser éclater brusquement avant que son organisation soit complète, il choisit cette dernière alternative. Le marquis convint avec lui qu'il valait mieux tout risquer, avant qu'il fût temps de renouveler les soupçons de la duchesse ; et la princesse Elisabeth, de son côté, était parfaitement prête à se laisser guider par les conseils de ses deux fidèles adeptes. Le 15 janvier mil sept cent quarante et un était le jour initialement fixé pour le déclenchement de la révolution. Lestoc avança alors de neuf jours le délai pour réaliser la grande tentative. Dans la nuit du 6 janvier, la duchesse régente et la princesse Elisabeth devaient changer de place, et le trône de Russie devait redevenir l'héritage de la famille de Pierre le Grand.

Entre neuf et dix heures, dans la nuit du 6, le chirurgien Lestoc sortit, avec une sérénité insouciante sur le visage et une anxiété dévorante dans le cœur, pour jouer à sa partie habituelle de billard dans un café français. L'enjeu était de dix ducats, et Lestoc ne joua pas aussi bien que d'habitude ce soir-là. Quand l'horloge du café sonna dix heures, il s'arrêta au milieu du jeu et sortit sa montre.

« Je vous demande dix mille pardons, dit-il au monsieur avec qui il jouait ; " Mais je crains de devoir vous demander de me laisser partir avant la fin du match. J'ai un malade à voir à dix heures, et l'heure vient de sonner. Voici un de mes amis, " continua-t-il en amenant » avancez par le bras un des spectateurs, « qui, avec votre permission, jouera à ma place. Il m'importe peu qu'il perde ou qu'il gagne : je tiens simplement à ce que votre partie ne soit pas interrompue. Dix mille pardon encore. Rien que la nécessité de voir un patient n'aurait pu me pousser à me rendre coupable de cette apparente grossièreté. Je vous souhaite beaucoup de plaisir, messieurs, et je vous souhaite une bonne nuit à contrecœur.

Sur ces adieux polis, il partit. Le malade qu'il allait soigner était l'Empire russe malade.

Il monta dans son traîneau et se dirigea vers le palais de la princesse Elisabeth. Elle frémit un peu lorsqu'il lui dit tout bas que l'heure était venue de s'emparer du trône ; mais, reprenant bientôt ses esprits, s'habilla pour sortir, cacha un couteau sur elle en cas d'urgence, et prit place à côté de Lestoc dans le traîneau. Les deux hommes se rendirent ensuite ensemble à l'ambassade de France pour récupérer le deuxième chef du complot.

Ils trouvèrent le marquis seul, cool, souriant, fredonnant un joyeux air français et s'amusant tranquillement à faire un dessin. Elizabeth et Lestoc regardèrent par-dessus son épaule, et la première sursauta un peu lorsqu'elle vit quel était le sujet du dessin. Au fond apparaissait un grand monastère, un bâtiment sinistre semblable à une prison, avec des fenêtres grillagées et des portes jalousement fermées ; au premier plan se trouvaient deux hauts gibets et deux roues comme celles sur lesquelles on brise les criminels. Le dessin a été retouché avec une précision et une stabilité de main extraordinaires ; et le marquis rit gaiement en voyant avec quel sérieux le sujet représenté avait surpris et étonné la princesse Elisabeth.

"Courage, madame !" il a dit. "Je m'amusais seulement à faire un croquis illustrant l'avenir auquel nous pouvons tous trois nous attendre si nous échouons dans notre entreprise. Dans une heure, vous serez sur le trône, ou en route vers ce laid édifice. " (Il toucha légèrement du bout de son crayon le monastère au fond du dessin.) "Dans une heure aussi, notre digne Lestoc et moi serons soit les deux hommes les plus chanceux de Russie, soit les deux misérables criminels. qui sont attachés à celles-ci » (il toucha les roues) « et raccrochèrent ensuite à celles-là » (il toucha les gibets). " Vous me pardonnerez, Madame, de me laisser aller à cette horrible fantaisie ? J'ai toujours été excentrique depuis l'enfance. Mon bon Lestoc , comme nous semblons être tout à fait prêts, peut-être aurez-vous la gentillesse de nous précéder jusqu'à la porte et de m'accorder l' honneur de en remettant la princesse au traîneau ?

Ils quittèrent la maison en riant et en bavardant avec autant d'insouciance que s'ils étaient une fête allant au théâtre. Lestoc a pris les rênes. "Au palais de la Duchesse Régente, cocher !" dit agréablement le marquis. Et ils se rendirent au palais.

Ils n'essayèrent pas de se faufiler par les portes dérobées, mais se dirigèrent hardiment vers la grande entrée, à l'intérieur de laquelle se trouvait le poste de garde.

"Qui va là?" s'écria la sentinelle tandis qu'ils descendaient du traîneau et entraient.

Le marquis prit une pincée de tabac à priser.

"Tu ne vois pas, mon brave garçon ?" il a dit. "Une dame et deux messieurs."

La moindre irrégularité était suffisamment grave pour alarmer la garde du palais impérial en ces temps critiques. La sentinelle présenta son fusil au marquis, et un garçon de tambour qui se tenait près de lui courut à son instrument et saisit ses baguettes pour sonner l'alarme.

Avant que la sentinelle ait pu tirer, il fut encerclé par les trente-trois conspirateurs et désarmé en un instant. Avant que le garçon batteur ait pu sonner l'alarme, la princesse Elizabeth avait sorti son couteau et avait poignardé non pas le garçon, mais le tambour ! Ces légers obstacles préliminaires ainsi écartés, Lestoc et le marquis, ayant la princesse entre eux et suivis de leurs trente-trois partisans, marchèrent résolument dans la grande salle du palais, et y affrontèrent toute la garde.

« Messieurs, dit le marquis, j'ai l' honneur de vous présenter votre future impératrice, la fille de Pierre le Grand.

La moitié du garde avait été soudoyée par le rusé Lestoc . L'autre moitié, voyant ses camarades avancer et rendre hommage à la Princesse, suivit l'exemple de la loyauté. Elizabeth fut escortée dans une pièce du rez-de-chaussée par un tribunal militaire constitué en l'espace de cinq minutes. Le marquis et les trente-trois fidèles montèrent aux chambres à coucher du palais. Lestoc sortit en courant et fit préparer une voiture, puis rejoignit le marquis et les conspirateurs. La duchesse régente et son enfant venaient de se coucher, lorsque le chirurgien allemand et l'ambassadeur de France les informèrent poliment qu'ils étaient prisonniers. Les supplications n'ont servi à rien ; la résistance était hors de question. La mère et le fils furent conduits dans la voiture commandée par Lestoc et conduits, sous une forte garde, à la forteresse de Riga.

Le palais était sécurisé et la duchesse emprisonnée, mais Lestoc et le marquis n'avaient pas encore accompli leur travail de la nuit. Il fallait s'assurer de trois personnages puissants liés au gouvernement. Trois autres voitures furent commandées lorsque la voiture de la duchesse eut été chassée ; et trois nobles, parmi lesquels le comte Osterman, à l'origine des troubles en Russie, furent réveillés de leur premier sommeil par l'information qu'ils étaient prisonniers d'État, et furent mis en route avant le jour vers la Sibérie. En même temps, les trente-trois conspirateurs étaient dispersés dans toutes les casernes de Saint-Pétersbourg, proclamant Elisabeth impératrice, du chef de son illustre filiation et au nom du peuple russe. Peu après le jour, au moment où la population ouvrière commençait à s'émouvoir, les églises furent occupées par des hommes de confiance sous les ordres de Lestoc , et les serments de fidélité à Elizabeth furent administrés à la population volontaire dès qu'elle arrivait aux prières du matin. À neuf heures, le travail était terminé ; les gens étaient satisfaits ; l'armée était conquise ; Elizabeth était assise sur le trône de son père, sans opposition, sans contestation, sans tache par l'effusion d'une goutte de sang ; Lestoc et le marquis purent enfin se reposer de leurs travaux et se dire avec une vérité littérale : « Le gouvernement de la Russie a été changé en neuf heures, et nous, deux étrangers, sommes les hommes qui avons accompli le miracle !

Ce fut la révolution russe de 1741. Ce n'était pas moins efficace qu'il n'avait duré que quelques heures et s'était accompli sans le sacrifice d'une seule vie. L'héritage impérial qu'il avait placé entre les mains d'Élisabeth ne leur fut plus arraché . La fille du grand tsar vécut et mourut impératrice de Russie.

Et que sont devenus les deux hommes qui lui avaient conquis le trône ? L'histoire de la conduite ultérieure du marquis et de Lestoc doit répondre à cette question. Les événements de la révolution elle-même ne sont guère plus étranges que les événements de la vie de l'ambassadeur de France et du chirurgien allemand, lorsque la brève lutte fut terminée et que le changement de dynastie fut accompli.

A commencer par le Marquis. Il avait confié à la princesse Elizabeth de sérieuses obligations quant à son courage et à sa fidélité ; et ses services furent récompensés par une récompense telle que, dans ses moments les plus vains, il n'aurait jamais osé espérer. Sa fidélité avait excité la gratitude d'Elizabeth, mais ses qualités personnelles avaient fait plus : elles avaient touché son cœur. Dès qu'elle fut tranquillement installée sur le trône, elle prouva son admiration pour ses mérites, ses services et lui-même en lui proposant de l'épouser.

Cette proposition, qui conférait au marquis la plus haute distinction de Russie, lui tourna assez la cervelle. L'homme imperturbable qui avait conservé son sang-froid dans une situation du danger le plus mortel, perdit tout contrôle sur lui-même dès qu'il parvint au comble de la prospérité. Ayant obtenu un congé de sa maîtresse impériale, il rentre en France pour demander l'autorisation à sa propre souveraine d'épouser l'Impératrice. Cette autorisation fut facilement accordée. Après l'avoir reçu, tout homme doté d'une discrétion ordinaire aurait gardé le fait de la partialité de l'Impératrice à son égard aussi strictement secret que possible, jusqu'à ce qu'il puisse être ouvertement avoué le jour du mariage. Loin de là, la vanité du marquis le conduisait à proclamer dans tout Paris le brillant destin qui lui était réservé. Il chargea le généalogiste du roi de dresser un pedigree qui montrerait qu'il n'était pas indigne de contracter une alliance royale. Une fois le pedigree terminé, il eut l'incroyable folie de l'exposer publiquement, avec les souvenirs que l'Impératrice lui avait donnés et les riches cadeaux qu'il entendait accorder en marque de sa faveur aux seigneurs et dames de la cour de Russie. . Et son imprudence ne s'arrête pas là. Lorsqu'il revint à Saint-Pétersbourg, il emmena avec lui, parmi les autres personnes composant sa suite, une femme de caractère lâche, vêtue d'un déguisement de page. Les gens de la cour de Russie, dont il n'avait jamais tenté de concilier les préjugés, et dont l'envie de son succès n'attendait que la moindre occasion d'opérer sa ruine, se doutaient du sexe du prétendu page, et prenaient grand soin que le rapport de leurs soupçons devrait pénétrer progressivement jusqu'au pied du trône. Cela semble à peine croyable, mais il est néanmoins incontestable que le marquis entiché a absolument laissé à l'impératrice l'occasion de voir son page. L'œil d'Elizabeth, aiguisé par la jalousie, pénétra instantanément jusqu'à la vérité. Elle aurait probablement pardonné une insulte moins honteuse, mais un tel outrage, aucune femme – surtout aucune femme dans sa situation – ne pourrait le pardonner. D'un moment de colère et de dédain, elle chassa le marquis de sa présence, et ne le revit plus jamais.

Le soir même, ses papiers furent saisis, tous les présents qu'il avait reçus de l'Impératrice lui furent retirés, et il reçut l'ordre de quitter pour toujours les domaines russes , dans un délai de huit jours. Il n'était pas autorisé à écrire ni à utiliser tout autre moyen pour tenter de se justifier ; et, en revenant vers son pays natal, il fut suivi jusqu'à la frontière par certains officiers de l'armée russe, et là dépouillé, avec toutes les marques d'ignominie, de tous les ordres de noblesse qu'il avait reçus de la cour impériale. Il revint à Paris en homme déshonoré, y vécut quelques années dans la solitude, l'obscurité et l'abandon, et mourut dans un état de misère positive, habitant inconnu d'une des plus misérables habitations de toute la ville.

La fin de Lestoc n'est guère moins remarquable que celle du Marquis.

Dans leurs points faibles comme dans leurs points forts, les caractères de ces deux hommes semblent singulièrement semblables. Compte tenu de la différence de statut entre le chirurgien allemand et l'ambassadeur de France, il est indéniable qu'Elizabeth a montré son sens des services de Lestoc avec autant de reconnaissance et de générosité qu'elle avait montré son sens des services du marquis. L'ex-chirurgien fut élevé à la fois au rang de grand favori et d'homme le plus puissant de la Cour. Outre les privilèges qu'il partageait à parts égales avec les plus hauts nobles de l'époque, il avait accès à l'Impératrice dans toutes les occasions privées comme dans toutes les occasions publiques. Il avait un droit perpétuel d'entrée dans son cercle domestique, droit qui n'était concédé à personne d'autre ; et il occupait, les jours de réception publique, une place qui le plaçait à une éminence à laquelle aucun autre homme en Russie ne pouvait espérer atteindre. Telle était sa position ; et, chose étrange, cela produisit exactement le même effet exaspérant sur sa vanité que la perspective d'une alliance impériale avait exercé sur la vanité du marquis. L'audace de Lestoc devint ingouvernable ; son insolence ne connaissait pas de limites. Il abusa des privilèges que lui conféraient les égards reconnaissants d'Élisabeth, avec une telle bassesse et une telle indélicatesse, que l'Impératrice, après l'avoir averti à plusieurs reprises dans les termes les plus amicaux possibles, se vit obligée, par égard pour sa propre réputation et par rapport aux remontrances qui l'assaillirent. de toutes les personnes de sa cour, pour le priver du privilège d'entrer dans ses appartements privés.

Cet échec, au lieu d'agir comme un avertissement opportun pour Lestoc , l'irrita et le poussa à commettre de nouveaux actes d'insolence, si dévergondés dans leur nature qu'Elizabeth perdit finalement toute patience et lui reprocha avec colère l'audacieuse ingratitude de son comportement . Le reproche fut rétorqué par Lestoc , qui accusa farouchement l'Impératrice d'oublier les grands services qu'il lui avait rendus, et déclara qu'il lui tournerait le dos, ainsi qu'à ses domaines, après avoir d'abord ressenti le mépris avec lequel il avait été traité par un acte de vengeance dont elle se souviendra jusqu'au jour de sa mort.

La vengeance dont il avait menacé s'avéra être celle d'un faussaire et d'un tricheur. Le banquier de Saint-Pétersbourg, chargé de débourser les sommes d'argent de l'État réservées à l'usage de l'Impératrice, reçut un jour l'ordre de payer quatre cent mille ducats à une certaine personne non mentionnée par nom, mais qui, a-t-on déclaré, appellerait, avec les informations d'identification appropriées, pour recevoir l'argent. Le banquier fut frappé de cette manière irrégulière d'effectuer les préliminaires d'une affaire importante, et il crut de son devoir de montrer le document qu'il avait reçu à l'un des ministres. Des enquêtes secrètes furent aussitôt ouvertes, et elles aboutirent à découvrir que l'ordre était faux et que l'homme qui l'avait forgé n'était autre que Lestoc .

Pour un crime de ce genre, la peine était la mort. Mais l'Impératrice avait déclaré, lors de son avènement, qu'elle ne signerait aucun mandat pour ôter la vie pendant son règne, et d'ailleurs elle se souvenait encore généreusement de ce qu'elle devait autrefois à Lestoc . En conséquence, elle changea sa punition en une sentence d'exil en Sibérie, avec des ordres spéciaux pour que la vie de l'homme banni lui soit rendue aussi facile que possible. Il n'avait pas passé de nombreuses années dans les déserts de Sibérie, avant que le fort sentiment d'obligation passée d'Elizabeth envers lui ne la conduise à alléger encore davantage sa punition en ordonnant qu'il soit ramené à Saint-Pétersbourg et enfermé dans la forteresse. où ses propres yeux pourraient lui assurer qu'il était traité avec miséricorde et considération. Il est probable qu'elle n'entendait ce changement que comme un prélude au rétablissement de sa liberté ; mais l'occasion future de lui pardonner ne vint jamais. Peu de temps après son retour à Saint-Pétersbourg, Lestoc termina ses jours dans la prison de la forteresse.

C'est ainsi que les deux dirigeants de la révolution russe ont vécu et sont morts. On a dit, et on a bien dit, que la seule preuve sûre de la force d'esprit d'un homme est de découvrir la manière dont il supporte le succès. L'histoire montre peu d'exemples aussi remarquables de la vérité de cet axiome que ceux fournis par la vie du marquis de la Chétardie et du chirurgien allemand Lestoc . Deux hommes plus forts à l'heure du péril et deux hommes plus faibles à l'heure de la sécurité ne sont pas souvent apparus dans ce monde

pour vaincre les circonstances adverses comme des héros, et pour être
ensuite vaincus comme des lâches par le seul succès.

- 36 -

DOUGLAS JERROLD . [B]

Il y a environ soixante-dix ans, vivait un pauvre joueur country, nommé Samuel Jerrold. Son principal droit à une position importante au sein de la compagnie ambulante à laquelle il était attaché consistait en la possession d'une paire de chaussures ayant appartenu au grand Garrick lui-même. Samuel Jerrold est toujours apparu sur scène dans ces « propriétés » inestimables – un homme, sûrement, qui mérite le respect de la postérité, comme le seul acteur des temps modernes qui s'est montré capable de se mettre à la place de Garrick.

Samuel Jerrold s'est marié deux fois, la deuxième fois avec une femme tellement plus jeune qu'il était plus âgé que sa propre belle-mère. C'est peut-être en partie grâce à ce dernier grand avantage du mari que le mariage fut très heureux. La seconde Mme Samuel était une femme intelligente, de bonne humeur et remarquable ; et aida matériellement son mari dans ses affaires théâtrales, lorsqu'il devint avec le temps (et à la place de Garrick) directeur de théâtres de campagne. La jeune Mme Samuel a amené à son mari une famille : deux filles pour commencer ; et, le trois janvier mil huit cent trois, alors qu'elle séjournait à Londres, un garçon, qui fut baptisé Douglas William, et qui était destiné, plus tard, à faire du nom de l'obscur country manager un mot familier. sur les lèvres des lecteurs anglais.

En l'an mille huit cent sept, Samuel Jerrold devint locataire du Sheerness Theatre ; et le petit Douglas y fut mis à profit professionnellement, comme un enfant de scène. Il est apparu dans *L'Étranger* comme l'un des petits chérubins de la frêle et intéressante Mme Haller ; et il a été « porté » par Edmund Kean, comme l'enfant de *Rolla* . Ces premières expériences théâtrales (quelque influence qu'elles aient pu avoir, plus tard, sur la formation de ses instincts de dramaturge) ne semblent pas du tout l'avoir incliné vers le métier de son père lorsqu'il a grandi. Le monde des navires et des marins au milieu duquel il vivait à Sheerness semble avoir formé ses premiers goûts et influencé ses premières aspirations. Dès qu'il put s'exprimer sur ses perspectives d'avenir, il choisit la vie de marin ; et, à dix ans, il entra à bord du navire de garde Namur, comme volontaire de première classe.

Jusqu'à cette époque, le père avait donné à son fils une éducation aussi bonne qu'il était en mesure de la commander. Douglas avait été noté comme un garçon studieux à l'école ; et il apporta avec lui le goût de la lecture et des activités tranquilles lorsqu'il entra à bord du Namur. Commençant son apprentissage à la mer comme aspirant de marine, en décembre mil huit cent treize, il ne fut transféré de la garde au service actif qu'en avril mil huit cent quinze, date à laquelle il fut enrôlé, avec quarante-six hommes, dans son Le brick de majesté, Ernest.

C'était une époque émouvante. La lutte acharnée de Waterloo était proche ; et la première croisière de Douglas fut à travers la Manche jusqu'à Ostende, à la tête d'une flotte de transports transportant des troupes et des provisions vers le champ de bataille. Chose singulière, sa dernière croisière le liait aux résultats du grand combat, comme sa première l'avait lié aux préparatifs de celui-ci. En juillet de l'année de Waterloo, l'Ernest ramena sa part des blessés à Sheerness. Sur le pont de ce brick, Jerrold s'est d'abord retrouvé face à face avec l'horreur de la guerre. Dans l'au-delà, alors que d'autres plumes écrivaient avec assez de légèreté la gloire de la guerre, sa plume traçait le sombre revers du tableau et mettait en lumière les terribles conséquences de toutes les victoires, justes comme mauvaises.

La grande paix fut proclamée et les nations se reposèrent enfin. En octobre mil huit cent quinze, l'Ernest est « payé ». Jerrold a débarqué et n'est jamais revenu au service. Il était sans intérêt ; et la paix a pratiquement fermé ses perspectives professionnelles. Jusqu'au dernier jour de sa vie, il eut un amour véritablement anglais pour la mer et les marins ; et, si courte que fût son expérience navale, ni lui ni ses compatriotes n'en furent entièrement perdants. Si l'aspirant de l'Ernest était devenu amiral, que serait alors devenu l'auteur de Susan aux yeux noirs ?

Les perspectives de Douglas étaient loin d'être encourageantes lorsqu'il rentra chez lui à terre. Les affaires de Samuel Jerrold (sans que ce soit de sa faute) étaient tombées dans une triste confusion. Dans sa vieillesse, sa vocation de manager lui échappa ; son théâtre était vendu ; et, à la fin de l'année de Waterloo, lui et sa famille se trouvèrent obligés de quitter Sheerness. Le premier jour de mille huit cent seize, ils s'embarquèrent sur le bateau Chatham pour tenter leur fortune à Londres.

Le premier refuge des Jerrolds était à Broad Court, Bow Street. Le pauvre vieux Samuel avait maintenant dépassé son travail ; et la principale dépendance de la famille ruinée reposait sur Douglas et sa mère. Mme Samuel parvint à trouver un emploi théâtral à Londres ; et Douglas, après avoir commencé sa vie comme officier dans la marine, fut apprenti chez un imprimeur, à Northumberland Street, Strand.

Il accepta sa nouvelle position avec une gaieté et une résolution admirables ; gagner honnêtement son argent et le consacrer affectueusement aux nécessités de ses parents. Une charmante anecdote le concernant, à cette époque de sa vie, est racontée par son fils. Lors d'une des occasions où sa mère et sa sœur étaient absentes à la campagne, la petite responsabilité domestique consistant à réconforter le pauvre vieux père épuisé avec un bon dîner reposait sur les épaules de Douglas. Avec le petit produit de son travail, il acheta tout le matériel nécessaire pour faire une bonne tourte au steak de bœuf - fit lui-même la tarte, réussissant brillamment la croûte - l'apporta lui-même au fournil - et la rapporta lui-même, avec un des romans de Sir Walter Scott, que le dîner lui laissa juste assez d'argent pour louer dans une bibliothèque, afin de lire une histoire à son père le soir, en guise de dessert. Pour notre part, nous classerons désormais toujours cette tarte au steak de bœuf parmi les nombreuses autres œuvres de Douglas Jerrold qui ont établi son droit à la mémoire et au respect. L'indice de la nature affectueuse et brillante de cet homme, parfois perdu par ceux qui l'ont connu imparfaitement dans l'au-delà, pourrait difficilement être trouvé dans un endroit plus agréable ou meilleur, maintenant qu'il a disparu d'entre nous, que lors du pauvre dîner. table à Broad Court.

Bien qu'il fût occupé douze heures sur vingt-quatre à l'imprimerie, il parvenait à gagner suffisamment de temps dans les quelques intervalles d'inactivité réservés au repos et aux repas, pour occuper son esprit avec toutes les lectures qui étaient à sa portée. Dès l'âge de quatorze ans, la faculté littéraire qui était en lui semble avoir eu du mal à se développer dans de courts articles et des bribes de vers. Un an plus tard seulement, il fit ses premiers efforts de composition dramatique, produisant une petite farce, avec un rôle pour un vieil ami de la famille, le regretté M. Wilkinson, le comédien. Bien que Samuel Jerrold soit resté dans les mémoires de nombreux acteurs londoniens comme un country manager honnête; et bien que Douglas ait pu facilement obtenir, auprès des amis de son père, son admission au théâtre chaque fois qu'il était en mesure d'y aller, il ne semble pas avoir été suffisamment intéressé pour obtenir une lecture pour sa pièce lorsqu'elle a été envoyée pour la première fois au théâtre. Opéra anglais. Cependant, au bout de trois ans, M. Wilkinson parvint à faire produire la farce du garçon à Sadler's Wells, sous le titre de Plus effrayé que blessé. Non seulement il connut du succès lors de sa première représentation, mais il remporta également le rare honneur d'être traduit pour la scène française. Bien plus, il fut ensuite retraduit, par un dramaturge qui ignorait son histoire originale, pour la scène du Théâtre Olympique ; où il figurait à l'affiche sous le nouveau titre de Fighting by Proxy, avec Liston dans le rôle du héros. Telle est l'histoire de la première contribution de Douglas Jerrold au drame anglais. Lorsqu'il fut réalisé sur les planches de Sadler's Wells, son auteur avait dix-huit ans.

Il était cependant apparu en public comme auteur avant cette époque ; ayant composé quelques vers qui furent imprimés dans un périodique oublié appelé Arliss's Magazine. La perte de sa première situation, due à la faillite de son maître, l'obligea à chercher à nouveau un emploi dans l'imprimerie d'un certain M. Bigg , qui était également rédacteur en chef d'un journal appelé le *Sunday Monitor*. Dans ce journal parut son premier article, un article critique sur *Der Freischütz* . Il était allé au théâtre avec l'ordre de voir l'opéra ; et avait été tellement frappé par le drame surnaturel et la musique merveilleuse sur laquelle il était mis en scène, qu'il nota ses impressions sur la représentation et déposa ensuite ce qu'il avait écrit, anonymement, dans la boîte de l'éditeur. Le lendemain matin, son propre article lui fut remis afin qu'il soit mis en caractères pour le prochain numéro du Sunday Monitor.

Après ce premier encouragement, il commença à utiliser fréquemment sa plume dans les petits périodiques de l'époque ; Cependant, il reste fidèle au travail d'imprimeur et vit toujours chez lui avec sa famille. Le succès de sa petite farce à Sadler's Wells l'a amené à écrire trois autres pièces pour ce théâtre. Ils ont tous réussi ; et les directeurs de certains autres théâtres mineurs commencèrent à s'occuper du nouvel homme. Juste au moment où sa carrière de dramaturge et de journaliste commençait à s'ouvrir devant lui, son père mourut. Après cette perte, le prochain événement important de sa vie fut son mariage. En l'an mille huit cent vingt-quatre, alors qu'il avait vingt et un ans, il épousa son « premier amour », Miss Mary Swann, la fille d'un gentleman qui occupait un poste à la poste. Lui et son épouse se sont installés, avec sa mère, sa sœur et un vieil ami de son enfance, à Holborn ; et ici, consacrant ses journées aux journaux et ses soirées au drame, l'homme nouvellement marié commença comme auteur de profession et affronta courageusement le monde et ses soucis sous la plume.

La lutte au départ a été dure. Sa principale source de revenus permanente était un petit salaire hebdomadaire que lui versait, en tant que dramaturge de l'établissement, un certain Davidge , directeur du théâtre Coburg (aujourd'hui Victoria). Cet homme semble avoir traité Jerrold, dont les drames apportaient à la fois de l'argent et de la réputation à son théâtre, avec un manque total de considération et de gratitude communes. Il travaillait sans pitié son pauvre auteur ; et il est, à ce titre, très satisfaisant de savoir qu'il s'est finalement dépassé, en se disputant avec son dramaturge, au moment même où Jerrold avait une fortune théâtrale (en ce qui concerne les intérêts des directeurs) couchée dans son bureau. , sous la forme de Susan aux yeux noirs. Avec cette pièce célèbre (la plus populaire de tous les drames nautiques) à la main, Douglas quitta le Coburg pour chercher un emploi au Surrey Theatre, alors sous la direction de M. Elliston. Ce dernier marchand de théâtre, qui se montra plus tard un digne contemporain de l'autre marchand de Coburg, offrit un peu plus cher pour les services de Jerrold et estima le monopole unique de la fantaisie, de l'invention et de l'humour d'un homme qui avait déjà fait ses preuves. lui-même pour devenir un dramaturge populaire et lucratif, au tarif magnifique de cinq livres par semaine. Le marché fut conclu ; et la première pièce de Jerrold produite au Surrey Theatre était Black-Eyed Susan.

Il avait déjà remporté de nombreux succès dramatiques enviables. Il avait écrit des drames domestiques, tels que Quinze ans de vie d'ivrogne et Ambrose Gwinett , dont les amateurs de théâtre de l'ancienne génération se souviennent encore bien de la popularité. Mais la réception de Black-Eyed Susan a éclipsé tous ses succès antérieurs ou ceux de tout autre dramaturge dans cette lignée. MTP Cooke, qui, comme disent les Français, a « créé » le rôle de William, a non seulement trouvé la moitié de Londres affluant dans le Borough pour le voir ; mais il fut en fait appelé, après avoir joué dans la pièce, comme première pièce, au Surrey Theatre, à repartir dans sa robe de marin et à jouer de nouveau dans la même nuit, comme la dernière pièce, au Covent Garden Theatre. Sa première « série » s'est élevée à trois cents nuits : elle a ensuite puisé de l'argent dans le trésor vide de Drury Lane : elle reste, à ce jour, un « stock » sur lequel les managers et les acteurs savent qu'ils peuvent compter ; et, phénomène le plus étrange de tous, il est impossible de voir la pièce maintenant sans avoir le sentiment que son grand succès dramatique, bien mérité, a été obtenu avec le moins d'aide possible des subtilités et des raffinements de l'art dramatique. La pièce doit son emprise sur la sympathie du public uniquement à la simple force, à la franchise irrésistible de son appel à certaines des affections les plus fortes de notre nature. Elle a réussi, et elle réussira, non pas parce que le dialogue est bien, ou, quant à certains passages, même naturellement écrit ; non pas parce que l'histoire est bien racontée, car elle est (surtout dans le premier acte) pleine de défauts de construction ; mais uniquement parce que les situations dans lesquelles sont placés les personnages touchent le cœur de chaque mari et de chaque femme du théâtre. Sous cet aspect, et en cela seulement, la pièce est une étude pour tout jeune écrivain ; car il montre sur quelles fondations étonnamment simples reposent les principales conditions du succès dramatique le plus long, le plus sûr et le plus large.

Il est triste, presque humiliant, d'être obligé d'ajouter, en référence aux débuts de l'histoire du premier triomphe dramatique de Jerrold, que sa part des gains que Susan aux yeux noirs a versé dans les poches des managers des deux côtés de l'eau il ne pesait que soixante-dix livres. M. Elliston, dont le théâtre avait fait passer la pièce d'un état proche de la faillite à un état de prospérité qui, dans les annales du Surrey, n'a pas été égalé depuis, s'est non seulement abstenu de présenter à Jerrold le plus petit fragment de quoi que ce soit sous la forme en signe de gratitude, mais il eut en fait l'insolence impitoyable de lui dire, après que Susan aux yeux noirs eut parcouru ses trois cents nuits : « Mon cher garçon, pourquoi ne demanderais-tu pas à tes amis de te présenter un peu d'assiette ? ?" [C]

L'extraordinaire succès de Black-Eyed Susan ouvrit naturellement à Jerrold les portes des grands théâtres. Il fit un admirable usage des chances en sa faveur , qu'il avait si bien méritées et qu'il avait si longtemps attendues. À l'Adelphi, à Drury Lane et au Haymarket, drame après drame jaillit rapidement de sa plume. Le Ducat du Diable, la Fiancée de Ludgate, le Jour du Rente, Nell Gwynne, la Gouvernante — cette dernière, la meilleure de ses pièces en termes de construction — datent, avec bien d'autres œuvres dramatiques, de la période de sa vie actuellement examinée. Le seul léger échec à sa carrière de prospérité s'est produit en 1836, lorsque lui et son beau-frère ont pris le Strand Theatre et lorsque Jerrold a joué un personnage dans l'une de ses propres pièces. Ni la spéculation théâtrale ni l'apparition théâtrale ne se sont avérées fructueuses ; et il abandonna sagement, à partir de ce moment, tout lien professionnel avec la scène, sauf dans son ancien et toujours bienvenu personnage de dramaturge. Dans les autres branches de son art, auxquelles il se voua, à ce tournant de sa carrière, aussi fidèlement qu'il se dévoua au théâtre, ses progrès ne furent pas moins remarquables. En tant que journaliste et essayiste, il s'est progressivement élevé vers la place distinguée qui lui revient parmi les écrivains de son temps. Cette période intermédiaire de ses efforts littéraires a produit, entre autres résultats notables, la série d'études sociales intitulée Men of Character, commencée à l'origine dans le Blackwood's Magazine, et rééditée depuis parmi ses œuvres rassemblées.

Il avait maintenant avancé, au point de vue social comme au point de vue littéraire, au-delà de cette période dans la vie des hommes autodidactes que l'on peut appeler la période aventureuse. Quelles que soient les difficultés et les inquiétudes qui l'oppressèrent désormais, elles furent causées par les épreuves et les troubles qui assiégèrent plus ou moins la vie exceptionnelle de tous les hommes de lettres. La lutte pour être entendue, la lutte pour un terrain équitable où se montrer, avait maintenant été courageusement et honorablement accomplie ; et tout ce qui reste à raconter de la vie de Douglas Jerrold est mieux raconté dans l'histoire de ses œuvres.

Compte tenu de ses dons littéraires particuliers, la première grande opportunité de sa vie, en tant qu'écrivain de périodiques, lui fut incontestablement offerte par la création de *Punch* . La brillante faculté impromptue qui lui donnait une place à part, comme penseur, écrivain et causeur, parmi les hommes remarquables de son temps, était exactement la faculté qu'un journal tel que Punch était censé développer au maximum. Le jour où Jerrold a été retenu comme collaborateur aurait été un jour heureux pour ce périodique, s'il n'y avait rien écrit d'autre que les célèbres Conférences Caudle et la délicieuse Histoire d'une plume. Mais le service qu'il a rendu à Punch ne doit en aucun cas être associé aux seules contributions plus élaborées à ses pages qui sont publiquement liées à son nom. Son esprit éclatait souvent à son meilleur, son sarcasme était souvent coupé avec son tranchant le plus aigu, dans ces paragraphes et ces courts articles bien choisis qui frappaient l'événement passager de la journée et qui, en ce qui concerne leur objectif temporaire auprès du public, , sont des ingrédients essentiels au succès d'un périodique tel que Punch. Un contributeur capable de trouver de nouvelles idées à partir des ressources originales de son propre esprit est un homme, et un contributeur sur lequel on peut compter pour les petites urgences quotidiennes qui sont ressenties une semaine et oubliées la semaine suivante est généralement un homme. un autre. Jerrold réunissait en lui ces deux personnages ; et sa valeur pour Punch, pour cette seule raison, ne peut jamais être trop estimée.

C'est à cette époque de sa vie que la fécondité de ses ressources mentales se manifeste avec le plus d'éclat. Pendant qu'il travaillait pour Punch, il éditait et contribuait largement au magazine Illuminated. Dans cette publication figurait, parmi une foule d'articles plus courts, la série intitulée The Chronicles of Clovernook , qu'il a toujours considéré lui-même comme l'un de ses plus heureux efforts, et qui contient en effet, dans des passages détachés, quelques-unes des meilleures choses que jamais tombé de sa plume. À la fin de The Illuminated Magazine, il a lancé The Shilling Magazine et y a contribué avec son roman bien connu, Saint Giles and Saint James. Ces occupations et responsabilités littéraires accumulées auraient suffi à la plupart des hommes ; mais l'énergie inépuisable et la variété de Jerrold l'ont aidé à poursuivre encore son travail. Le public du théâtre retrouvait désormais son ancien favori s'adressant à nouveau à lui et occupant un nouveau terrain en tant qu'auteur de comédies en cinq actes et en trois actes. Bubbles of the Day, Time Works Wonders, The Catspaw, Retired from Business, Saint Cupid, ont tous été produits, avec d'autres pièces, après la période où il est devenu un écrivain régulier dans Punch.

Jugées du point de vue littéraire, ces comédies constituaient toutes des contributions originales et frappantes à la bibliothèque scénique. Mais, au point de vue dramatique, il ne faut pas se cacher qu'ils étaient moins satisfaisants ; et que certains d'entre eux n'ont pas eu autant de succès auprès du public que les efforts plus humbles et antérieurs de leur auteur. La seule raison critique solide qu'il est possible d'attribuer à cela implique en soi un compliment qui ne pourrait être adressé à aucun autre dramaturge des temps modernes. L'éclat perpétuel de l'esprit de Jerrold semble l'avoir rendu aveugle à certaines des exigences les plus sobres de l'art dramatique. Lorsque Charles Kemble disait, et disait avec raison, qu'il y avait assez d'esprit pour trois comédies dans Bubbles of the Day, il laissait entendre que ce brillant débordement laissait peu ou pas de place aux ressources indispensables de l'histoire et de la situation pour se déployer équitablement sur la scène. Les comédies elles-mêmes, examinées en fonction de leur succès en matière de représentation, ainsi que de leurs mérites intrinsèques, contribuent à étayer ce point de vue. Time Works Wonders a été la plus prospère de toutes, et c'est précisément cette comédie qui contient le plus d'histoire et le plus de situations. L'idée et la direction de la charmante histoire d'amour d'où naissent les événements de cette pièce montrent ce que Jerrold aurait pu réaliser dans la construction d'autres intrigues, si son propre esprit surabondant ne l'avait pas ébloui et égaré. Dans l'état actuel des choses, les lecteurs de ces comédies, qui peuvent apprécier la richesse de la fantaisie, les subtilités délicates de la pensée, la concision magistrale de l'expression, ainsi que le jeu exquis et l'éclat de l'esprit dispersés à chaque page, peuvent être assurés qu'ils préfèrent gagner que perdre — surtout dans l'état actuel des troupes de théâtre — en ne voyant pas les dernières œuvres dramatiques de Douglas Jerrold représentées sur scène.

La prochaine et, triste à dire, la dernière réalisation de sa vie, le lia de la manière la plus honorable et la plus profitable à la presse écrite. De nombreux lecteurs se souviendront de la création du Weekly Newspaper de Douglas Jerrold – de son grand succès temporaire – puis de son déclin soudain, dû à des défauts de gestion, sur lesquels il n'est pas nécessaire de s'étendre maintenant. L'habileté remarquable avec laquelle les articles éditoriaux du journal étaient rédigés, l'aptitude remarquable dont ils faisaient preuve à frapper directement les sympathies de grandes masses de lecteurs, n'échappèrent pas à l'attention d'hommes bien placés pour juger des articles les plus solides. qualifications qui servent à la production d'un journaliste populaire. Au printemps de l'année mille huit cent cinquante-deux, le propriétaire du Lloyd's Weekly Newspaper proposa la rédaction à Jerrold, dans des conditions si sages et libérales qu'elles assurèrent l'acceptation immédiate de son offre. Du printemps 1852 au printemps 1857 – le dernier qu'il ait jamais vu – Jerrold a dirigé le journal, avec un succès aussi extraordinaire qu'il est rare dans l'histoire du journalisme. Sous sa direction et avec l'aide régulière de sa plume, le journal Lloyd's s'est élevé, par milliers et par milliers par semaine, jusqu'au grand tirage dont il bénéficie aujourd'hui. Parmi les nombreux travaux réussis de la vie de Jerrold, aucun n'avait été aussi prospère que celui qui était destiné à le clôturer.

Sa santé avait montré des signes de détérioration, et son cœur était connu pour être affecté, pendant un certain temps avant sa dernière brève maladie ; mais l'énergie et l'esprit invincibles de l'homme l'ont soutenu à travers toutes les épreuves corporelles, jusqu'au premier jour de juin mil huit cent cinquante-sept. Même son assistant médical n'a pas perdu tout espoir lorsque ses forces ont commencé à céder. Mais il sombra rapidement, si rapidement qu'en une petite semaine la lutte fut terminée. Le huitième jour de juin, entouré de sa famille et de ses amis, conservant jusqu'à la fin toutes ses facultés, s'éteignant calmement, résigné, affectueux, Douglas Jerrold ferma les yeux sur le monde dont il avait été le long et noble dessein de son vie à informer et à améliorer.

Il est encore trop tôt pour tenter d'évaluer la place que ses écrits occuperont à terme dans la littérature anglaise. Tant que l'honnêteté, l'énergie et la variété seront considérées comme les qualités principales qui devraient distinguer un véritable écrivain, la vitalité de la réputation de Douglas Jerrold ne pourra faire aucun doute. La seule objection formulée contre les ouvrages, qui, si faible et ignorante soit-elle, allait souvent au cœur de l'écrivain, était l'objection de l'amertume. En nous rappelant de nombreux passages de ses livres dans lesquels cette amertume apparaît le plus clairement, et en voyant clairement dans ces passages quelle était la cause qui l'a provoquée, nous osons exprimer hardiment notre propre opinion et reconnaître immédiatement que nous admirez cette soi-disant amertume comme l'une des grandes et précieuses qualités des écrits de Douglas Jerrold ; car nous pouvons constater par nous-mêmes qu'il naît du sérieux et de l'honnêteté sans compromis de l'auteur. À une époque où il devient démodé d'avoir une opinion positive sur quoi que ce soit ; quand l'élément burlesque détestable répand impunément sa profanation sur toutes les choses belles et toutes les choses sérieuses ; alors qu'une grande partie, beaucoup trop de la littérature actuelle de l'époque vibre de manière méprisable entre plaisanteries incrédules et clap-trap sans rougissement, cet élément d'amertume dans les écrits de Jerrold – qui n'y est jamais seul ; qui n'est jamais dissocié de la parole aimable qui précède, ou de la pensée généreuse qui vient après, est à notre avis un élément essentiellement sain, respirant cette admiration de la vérité et cette haine du mensonge, qui est le joyau le plus principal et le plus brillant de l'histoire. couronne de tout écrivain, vivant ou mort.

Ce même cri d'amertume, qui l'assaillait dans son caractère littéraire, l'assaillait aussi dans son caractère social. Aussi absurde que puisse paraître la simple idée d'amertume à propos d'une nature comme la sienne, à ceux qui l'ont réellement connu, la raison pour laquelle les étrangers l'ont si souvent et si ridiculement mal compris n'est pas difficile à découvrir. Cette merveilleuse luminosité et cette rapidité de perception qui l'ont distingué de partout comme l'auteur de certaines des choses les plus spirituelles, et souvent aussi de certaines des choses les plus sages, dans la langue anglaise, s'exprimaient presque avec la soudaineté de l'éclair. Cette absence de toute apparence d'artifice ou de préparation, cet éclair et cette promptitude qui faisaient le grand charme de son esprit, le rendaient en même temps tout à fait incapable de soustraire une bonne chose à des considérations prudentielles. Cela jaillit de sa langue avant qu'il ne s'en rende compte. C'était toujours une brillante surprise pour lui-même ; et il ne lui est jamais venu à l'esprit que cela pourrait être autre chose qu'une brillante surprise pour les autres. Toutes ses paroles soi-disant amères étaient dites avec un éclat de rire chaleureux d'écolier, qui montrait combien il était loin d'y attacher une importance sérieuse. Les étrangers n'ont apparemment pas réussi à tirer cette conclusion, aussi claire soit-elle ; et il se trompait souvent en conséquence.

S'ils l'avaient vu dans la société des enfants ; s'ils l'avaient surpris dans la maison de l'un de ses frères littéraires en difficulté et en détresse ; s'ils l'avaient rencontré au chevet d'un ami malade, avec quelle simplicité et avec quelle irrésistibilité la nature douce, généreuse et affectueuse de cet homme se serait alors révélée à la connaissance fortuite la plus insouciante qui l'ait jamais compris ! Très peu d'hommes ont gagné si rapidement l'estime d'autant d'amis et ont conservé cette estime avec autant de persistance jusqu'au dernier jour de leur vie, comme Douglas Jerrold.

CROQUIS DE CARACTÈRE.—V.
PRIONS EMPLOYER LE MAJEUR NAMBY !
[Une communication privilégiée d'une dame en détresse.]

J'ai un sujet tellement difficile à aborder que je ne sais vraiment pas par où commencer. Le fait est que je suis une femme célibataire, célibataire, sachez-le, uniquement parce que j'ai refusé beaucoup d'offres excellentes. Je vous en prie, n'imaginez pas que je suis vieux. Certaines offres de femmes arrivent à de longs intervalles, et d'autres offres de femmes se rapprochent. Les miens étaient remarquablement rapprochés – donc, bien sûr, je ne peux pas être vieux. Non pas non plus que je prétende me décrire comme absolument jeune ; tout dépend du point de vue des gens. J'ai entendu des filles âgées de dix-huit ou dix-neuf ans appelées jeunes filles. Cela me paraît ridicule, et je maintiens cette opinion sans jamais m'en départir depuis plus de dix ans. C'est après tout une question de sentiment ; et dois-je l'avouer ? Je me sens si jeune !

Cher, cher moi ! c'est terriblement égoïste ; et d'ailleurs, ce n'est pas du tout ce que je veux. Puis-je avoir la gentillesse de recommencer ?

Y a-t-il une chance que nous entrerions en guerre contre quelqu'un d'ici peu ? C'est une question tellement épouvantable pour une dame que je me sens obligé de m'excuser et de m'expliquer. Je ne me réjouis pas des effusions de sang – ce n'est pas le cas, en effet. L'odeur de la poudre à canon m'est horrible ; et le déclenchement du plus petit pistolet imaginable me fait invariablement crier. Mais si, à l'avenir, nous – bien sûr, je veux dire le gouvernement – trouvons qu'il est tout à fait impossible d'éviter de plonger dans les horreurs de la guerre, alors ce que je veux savoir, c'est si mon voisin d'à côté , le major Namby , sera emmené. de chez lui par les Horse Guards, et présenté à son poste de commandement dans l'armée anglaise ? Cela sortira tôt ou tard ; il n'y a donc aucun mal à reconnaître immédiatement que cela ajouterait infiniment à mon confort et à mon bonheur si le major recevait l'ordre d'effectuer un service qui l'éloignerait de sa propre maison.

Je suis vraiment vraiment désolé, mais je dois déjà abandonner le début et revenir à la partie précédant le début (si une telle chose existe) afin d'expliquer la nature de mon objection au major Namby et pourquoi elle serait ce serait un si grand soulagement pour moi (en supposant que nous soyons assez malheureux pour plonger dans les horreurs de la guerre), s'il se trouvait être l'un des premiers officiers appelés au service de sa reine et de son pays.

J'habite en banlieue et j'ai acheté ma maison. Le major habite en banlieue, à côté de chez moi, et *il* a acheté sa maison. Bien entendu, je ne m'y oppose pas. Je le mentionne simplement pour mettre les choses au clair.

Le major Namby a été marié deux fois. Sa première femme, chérie, chérie ! comment puis-je l'exprimer ? Dirai-je, avec une vulgaire brusquerie, que sa première femme avait une famille ? Et dois-je entrer dans les détails et ajouter qu'ils sont au nombre de quatre, et que deux d'entre eux sont jumeaux ? Eh bien, les mots sont écrits ; et s'ils veulent bien recommencer dans le même but, je vous prie de les répéter en référence à la deuxième Mme Namby (encore en vie), qui a également eu une famille, et est... non, je ne peux vraiment pas dire, est probable. continuer à en avoir un. Il y a certaines limites, dans un cas de ce genre, et je pense les avoir atteintes. Permettez-moi simplement de préciser que la deuxième Mme Namby a actuellement trois enfants. Ceux-ci, avec les quatre de la première Mme Namby , font un total de sept. Les sept sont composés de cinq filles et deux garçons. Et la première famille de Mme Namby a toutes un type particulier de constitution, et la deuxième famille de Mme Namby a toutes un autre type particulier de constitution. Permettez-moi de vous expliquer encore une fois que je me contente de mentionner ces petites choses et que je ne m'y oppose pas.

Maintenant, je vous en prie, soyez patient : j'arrive rapidement au point – je le suis effectivement. Mais laissez-moi vous dire quelques mots sur le major Namby lui-même.

En premier lieu, j'ai recherché son nom dans la liste de l'armée, et je n'ai trouvé qu'il ait jamais été engagé dans une bataille nulle part. Il semble qu'il soit entré dans l'armée, malheureusement à cause de sa propre renommée, juste après, et non juste avant, la bataille de Waterloo. Il s'est rendu dans toutes sortes de stations étrangères, au moment même, dans chaque cas, où il n'y avait aucun travail militaire à faire - sauf une fois dans une île des Antilles, où il semble avoir contribué à abattre quelques pauvres et malheureux nègres. qui a tenté de provoquer une émeute. C'est le seul service actif qu'il ait jamais accompli : aussi je suppose que c'est grâce à sa richesse et à nos terribles abus qu'il a été nommé major pour ne pas avoir fait le travail d'un major. En apparence, cependant, il a une apparence suffisamment militaire pour prendre le commandement de l'armée britannique dans un délai de cinq minutes. Il est très grand et droit, il porte une canne martiale, de courtes moustaches martiales et une voix martiale terriblement forte. Son visage est très rose, ses yeux sont extrêmement ronds et fixes, et il a cet enroulement singulièrement désagréable de grosse chair rouge sur la nuque, entre le bas de ses cheveux gris courts et le haut de ses cheveux noirs et raides. ce qui semble être particulier à tous les vieux officiers courageux qui sont remarquablement bien placés dans le monde. Il n'a certainement pas plus de soixante ans ; et, si une dame peut oser juger une telle chose, je dirais catégoriquement qu'il lui restait encore une immense quantité d'énergie non développée, au service des Horse Guards.

Cette énergie sous-développée - et c'est ici que j'arrive enfin au point - n'ayant aucun emploi dans la bonne direction, s'est déchaînée dans la mauvaise direction et a poussé le major à consacrer la totalité de son temps autrement inactif à son travail domestique. affaires. Il gère ses enfants plutôt que son régiment et établit la discipline dans la salle des domestiques plutôt que dans la cour des casernes. Ai-je le droit de m'y opposer ? Rien du tout, je l'admets volontiers. J'entendrai peut-être (à contrecœur) que le major Namby a bouleversé la maison en entrant dans la cuisine et en s'opposant à l'élégance des casquettes des domestiques ; mais comme je ne suis pas, Dieu merci, un de ces malheureux serviteurs, je n'ai pas à exprimer mon opinion sur une ingérence aussi peu virile, bien que je la méprise. Je peux être informé (entièrement contre ma propre volonté) que le mari de Mme Namby a osé réglementer, non seulement la taille et la substance, mais même le nombre, de certains articles inférieurs et intérieurs de la robe de Mme Namby , ce qu'aucune considération terrestre ne peut faire. incitez-moi particulièrement à décrire; mais comme je n'occupe pas (je remercie encore le Ciel) la position dégradée de la femme du major, je n'ai pas le droit d'exprimer mon indignation contre les indiscrétions et les querelles domestiques, bien que je le ressens partout, en ce moment même, de la tête aux pieds. pied. Ce que fait et dit le major Namby , dans sa propre maison, ce sont ses affaires et non les miennes. Mais ce qu'il fait et dit, à l'extérieur de sa propre maison, sur l'allée de gravier de son jardin — sous mes propres yeux et près de mes propres oreilles, alors que je travaille à la fenêtre — est autant mon affaire que celle du major. et plus encore, car c'est moi qui en souffre.

Pardonnez-moi une pause momentanée de soulagement, un frisson momentané d'auto-félicitation. J'arrive enfin à destination : j'ai pris le bon tournant littéraire à la fin du paragraphe précédent ; et le grand chemin du récit clair s'étend maintenant de manière engageante devant moi.

Ce que je reproche au major Namby , c'est, en termes clairs, qu'il s'occupe de toutes ses affaires domestiques dans son jardin. Que cela provienne d'une faiblesse naturelle de la mémoire, d'un manque total de sens des convenances, ou d'un état d'esprit qui est étroitement lié à une folie de type excentrique, je ne peux pas le dire - mais le majeur le fait certainement parfois partiellement, et parfois entièrement. , oubliez ses affaires familiales privées et les instructions nécessaires qui s'y rapportent, pendant qu'il est à l'intérieur de la maison ; et il s'en souvient habituellement et répare toutes les omissions, en braillant à travers ses fenêtres, à pleine voix, dès qu'il sort de la maison. Il ne semble jamais lui venir à l'esprit qu'il pourrait avantageusement rentrer à l'intérieur et y mentionner ce qu'il a oublié d'une manière privée et appropriée. Dès l'instant où l'idée perdue lui vient — ce qui se produit invariablement, soit dans son jardin de devant, soit dans l'allée devant sa maison — il rugit pour appeler sa femme, soit depuis l'allée de gravier, soit par-dessus le muret ; et (si je puis utiliser une expression si forte) se vide de son esprit en public, sans paraître se soucier de qui il fatigue les oreilles, de dont il choque la délicatesse ou de qui il invite au ridicule. Si l'homme n'est pas fou, ses petites agitations familiales ont pris si complètement possession de tous ses sens, qu'il est tout à fait incapable de remarquer autre chose, et parfaitement impénétrable aux opinions de ses voisins . Permettez-moi de montrer que le grief dont je me plains n'est pas léger, en donnant quelques exemples de la persécution générale que je souffre, et des chocs occasionnels qui sont administrés à ma délicatesse, de la part grossière du major Namby .

Nous dirons que c'est une belle matinée chaude. Je suis assis dans ma chambre, la fenêtre ouverte, absorbé par un livre profondément intéressant. J'entends claquer la porte de la maison voisine ; Je lève les yeux et vois le major descendre les marches de son jardin de devant.

Il marche – non, il marche – à mi-chemin dans l'allée du jardin, la tête haute en l'air, la poitrine bombée, et sa canne militaire s'agite farouchement dans sa main droite. Tout à coup, il s'arrête, tape du pied, fait tomber de la main gauche l'arrière du bord de son chapeau extrêmement bouclé, et commence à gratter ce rouleau de chair rouge et grasse, d'aspect singulièrement désagréable, dans sa nuque. (ce grattage, je peux le remarquer entre parenthèses, est toujours un signe certain, dans le cas de cet horrible homme, qu'une idée domestique perdue lui est soudainement revenue). Il attend un moment dans la position ridicule que je viens de décrire, puis se retourne sur ses talons, lève les yeux vers la fenêtre du premier étage, et au lieu de rentrer dans la maison pour raconter ce qu'il a oublié, il hurle violemment du milieu de la pièce. marcher:

« Mathilde !

J'entends la voix de sa femme, d'une voix incroyablement aiguë ; mais que peut-on attendre d'une femme qu'on a vue maintes et maintes fois, dans un pagne à rayures sales, jusqu'à deux heures de l'après-midi ? J'entends la voix de sa femme répondre de l'intérieur de la maison :

"Oui chérie."

"J'ai dit que c'était un vent du sud."

"Oui chérie."

"Ce n'est pas un vent du sud."

" Lor ', chérie ! "

"C'est au sud-est. Je ne veux pas faire sortir Georgina aujourd'hui." (Georgina est l'une des premières membres de la famille de Mme Namby , et ils sont tous faibles au niveau de la poitrine.) "Où est l'infirmière ?"

"Ici, monsieur !"

"Infirmière, je ne laisserai pas Jack courir. Chaque fois que ce garçon transpire, il attrape froid. Raccrochez son cerceau. S'il pleure, emmenez-le dans ma loge et montrez-lui la tige de bouleau. Mathilde!"

"Oui chérie."

« Que diable veulent-ils dire en appliquant toute cette graisse sur les cheveux de Mary ? C'est bestial de voir ça... vous entendez ?... bestial ! Où est Pamby ? (Pamby est la malheureuse ouvrière qui confectionne et raccommode le linge de famille.)

"Ici, monsieur."

" Pamby , qu'est-ce que tu fais maintenant ? "

Pas de réponse. Pamby , ou quelqu'un d'autre, rit légèrement. Le major brandit sa canne avec fureur.

"Pourquoi diable ne me réponds-tu pas ? Je te donne trois secondes pour me répondre, ou quitter la maison. Un... deux... trois. Pamby ! qu'est-ce que tu fais maintenant ?"

"S'il vous plaît, monsieur, je fais quelque chose———"

"Quoi?"

"Quelque chose de particulier pour bébé, monsieur."

"Lâchez-le directement, quoi que ce soit. Matilda ! Combien de pantalons Katie a-t-elle ?"

"Seulement trois, chérie."

« Pamby ! »

"Oui Monsieur."

"Raccourcissez directement tous les pantalons de Miss Katie, y compris celui qu'elle porte. J'ai dit à maintes reprises que je ne laisserais pas ses volants plus bas que ses genoux. Ne me laissez pas les voir à encore au milieu de ses tibias.

"Oui Monsieur."

"Faites attention aux passages à niveau. Ne laissez pas les enfants s'asseoir s'ils ont chaud. Ne les laissez pas parler aux autres enfants. Ne les laissez pas jouer avec des chiens étrangers. Ne les laissez pas gâcher leurs affaires. Et , surtout, ne ramène pas Maître Jack en sueur. Y a-t-il autre chose avant que je sorte ?

"Non monsieur."

« Mathilde ! Y a-t-il autre chose ?

"Non, chérie."

" Pamby ! Y a-t-il autre chose ? "

"Non monsieur."

Ici se termine, pour le moment, le colloque national. Une personne sensible, en particulier une personne de mon sexe, voudrait-elle imaginer ce que je dois souffrir, en tant que délicate femme célibataire, de voir tous ces détails familiaux imposer à mon attention, que cela me plaise ou non, dans le ton rauque du major ? voix martiale, et dans les cris aigus des femmes à l'intérieur ? C'est déjà assez pénible d'être soumis à ce genre de persécution lorsqu'on est seul ; mais il est bien pire d'y être également exposé - comme je le suis constamment - en présence de visiteurs, dont la conversation est nécessairement interrompue, dont les oreilles sont nécessairement choquées, dont le séjour même dans ma maison est nécessairement écourté, par l' insupportable public du major Namby. manière de gérer ses affaires privées.

L'autre jour seulement, ma vieille, chère et très précieuse amie, Lady Malkinshaw, était assise à mes côtés et entrait longuement dans l'histoire intéressante des fiançailles malheureuses de sa deuxième fille et de la manière digne avec laquelle la famille avait finalement rompu. ça s'éteint. Pendant environ un quart d'heure, notre entretien continua à être délicieusement ininterrompu. À la fin de ce temps, cependant, juste au moment où Lady Malkinshaw , les larmes aux yeux, commençait à décrire l'effet de la terrible déception de sa fille sur l'esprit et l'apparence de la pauvre chère fille, j'entendis claquer la porte de la maison du major. comme d'habitude; et, regardant par la fenêtre avec désespoir, il vit le major lui-même se pavaner à mi-chemin de l'allée, s'arrêter, gratter violemment son rouleau de chair rouge, se retourner pour faire face à la maison, réfléchir un peu, retirer ses comprimés de la maison. sa poche de gilet, secoua la tête par-dessus, puis leva les yeux vers les fenêtres de devant, se préparant à brailler comme d'habitude contre les femmes dégradées de sa maison. Lady Malkinshaw , tout à fait ignorante de ce qui allait arriver, se trouvait au même moment poursuivre son pathétique histoire en ces termes :

"Je vous l'assure, ma pauvre chère fille s'est comportée tout au long avec l'héroïsme d'un martyr. Quand je lui ai raconté la conduite de ce vil misérable , en le lui disant aussi doucement que possible; et quand elle s'est un peu remise, je lui dit————"

(« Mathilde ! »)

La voix rauque du major résonna plus fort que jamais alors qu'il hurlait ce terrible nom, juste au mauvais moment. Lady Malkinshaw sursauta comme si on lui avait tiré dessus. J'ai baissé la fenêtre, désespéré ; mais le verre ne protégeait pas nos oreilles : le major Namby peut rugir à travers un mur de briques. Je me suis excusé , j'ai déclaré solennellement que mon voisin d'à côté était fou, j'ai supplié Lady Malkinshaw de n'y prêter aucune attention et de continuer. Cette douce femme a immédiatement obéi. Je brûle d'indignation quand je pense à ce qui a suivi. Chaque mot du jardin de Namby (que je distingue ci-dessous par des parenthèses) arrivait, très légèrement étouffé par la fenêtre, directement dans ma chambre, et se mêlait au récit de Madame de cette manière inexprimablement ridicule et impertinente :

"Eh bien," poursuivit ma aimable et précieuse amie, "comme je vous le disais, lorsque le premier accès naturel de chagrin fut passé, je lui ai dit..."

"Oui, chère Lady Malkinshaw ?" Murmurai-je d'un ton encourageant.

"Je lui ai dit——"

(« Par jingo, j'ai oublié quelque chose ! Mathilde ! quand j'ai fait mon mémorandum de courses, combien devais-je en faire ? »)

"'Mon très cher enfant chéri', dis-je——"

(« Pamby ! combien de courses votre maîtresse m'a-t-elle demandé de faire ? »)

"J'ai dit : 'mon très cher et chéri enfant——'"

(« Infirmière ! Combien de courses votre maîtresse m'a-t-elle demandé de faire ? »)

"'Mon propre amour', dis-je——"

(« Pooh ! Pooh ! Je vous le dis, j'avais quatre courses à faire, et je n'en ai que trois écrites . Vérifiez-moi, vous tous, je vais lire mes courses. »)

"'Votre propre fierté, mon amour', dis-je, 'vous suggérera——'"

("Poudre grise pour bébé.")

—"'la nécessité de te décider, mon ange, à——'"

(« Ramez le plombier pour l'état infâme de l'évier de l'arrière-cuisine. »)

—"'pour rendre toutes les lettres du misérable, et——'"

("Parlez au mercier pour réparer les chemises de Jack.")

— "'toutes ses lettres et ses cadeaux, chérie. Il suffit de les rassembler en un paquet et d'écrire à l'intérieur——'"

(« Mathilde ! c'est tout ? »)

—"'et écris à l'intérieur——'"

(" Pamby ! c'est tout ? ")

—"'et écris à l'intérieur——'"

(« Infirmière ! c'est tout ? »)

"'J'ai l'autorisation de ma mère pour vous avoir fait une dernière demande. C'est celle-ci——'"

(« Qu'est-ce que les enfants ont mangé aujourd'hui ? »)

— "'c'est ceci : Renvoyez-moi mes lettres, comme j'ai rendu les vôtres. Vous trouverez à l'intérieur——'"

("Une épaule de mouton et sauce à l'oignon ? Et un bon dîner diabolique aussi.")

Le grossier misérable hurla gaiement, à pleine voix, ces derniers mots choquants. Jusqu'alors, lady Malkinshaw avait conservé son caractère avec une patience d'ange ; mais elle commença – et qui peut s'en étonner ? – à perdre enfin la tête.

"Il est vraiment impossible, ma chère," dit-elle en se levant de sa chaise, "de continuer une conversation pendant que cette personne très intolérable persiste à parler à sa famille depuis son jardin. Non ! Je ne peux vraiment pas continuer, je ne peux pas, en effet."

Au moment où je m'excusais pour la seconde fois auprès de mon doux ami, j'observai, à mon grand soulagement (ayant toujours l'œil sur la fenêtre) que l'odieux major était apparemment arrivé au terme de ses affaires domestiques de la matinée, et avait il se décida enfin à nous soulager de sa présence. Je le vis distinctement remettre ses tablettes dans sa poche, se retourner sur ses talons et marcher droit vers la porte du jardin. J'attendis qu'il ait la main sur la serrure pour l'ouvrir, puis, quand je me sentis que nous étions tout à fait en sécurité, j'informai la chère Lady Malkinshaw que mon détestable voisin s'était enfin retiré, et, ouvrant de nouveau la fenêtre pour prendre un peu d'air, la priai et la suppliai de m'obliger en reprenant son charmant récit.

"Où étais-je?" demanda mon distingué ami.

"Tu me disais ce que tu recommandais à ta pauvre chérie d'écrire dans son enclos", répondis-je.

Eh bien, ma chère, elle s'est maîtrisée par un effort admirable et a écrit exactement ce que je lui ai dit. Vous excuserez la partialité d'une mère, j'en suis sûr, mais je pense que je ne l'ai jamais vue aussi belle. belle, si tristement belle, devrais-je dire, comme lorsqu'elle écrivait ces dernières lignes à l'homme qui s'était si bassement moqué d'elle. Les larmes me montèrent aux yeux tandis que je regardais ses douces joues pâles et je me disais : —"

("Infirmière ! lequel des enfants était malade, la dernière fois, après avoir mangé de la sauce à l'oignon ?")

Il était revenu ! — le monstre était revenu, du seuil même de la grille du jardin, pour crier à la fenêtre de sa chambre d'enfant cette question injustifiablement atroce !

Lady Malkinshaw sauta de sa chaise à la première note de son horrible voix et se tourna instantanément vers moi — comme si c'était *ma* faute ! – de la manière la plus alarmante et la plus inattendue. Le visage de Madame devint terriblement rouge ; la tête de milady tremblait excessivement ; Les yeux de Madame me regardèrent droit dans les miens avec une férocité indescriptible.

"Pourquoi suis-je ainsi insulté ?" » demanda Lady Malkinshaw , avec une sévérité lente et digne qui glaça le sang dans mes veines. "Que voulez-vous dire par là?" » continua Madame, avec une rapidité soudaine de parole qui me coupa le souffle.

Avant que je puisse faire des remontrances à mon amie pour avoir infligé son irritation naturelle à mon pauvre innocent : avant que je puisse déclarer que j'avais vu le major ouvrir effectivement la porte de son jardin pour s'en aller, la voix provocante de la brute fit irruption à nouveau sur nous.

"Ha ! oui !" on l'entendait grogner tout seul, dans une sorte de monologue domestique éhonté. "Oui, oui, oui... Sophy était malade, c'est sûr. Curieuse. Tous les beaux-enfants de Mme Namby ont une poitrine faible et un ventre fort. Tous les enfants de Mme Namby ont un ventre faible et une poitrine forte. *J'ai* un ventre fort *et* une poitrine solide.— Pamby !

"Je considère cela", a continué Lady Malkinshaw , me regardant littéralement, dans la plénitude de son exaspération aveugle, "je considère cela comme injustifiable et peu distingué. Je vous prie de savoir..."

"Où est Bill ?" » fit irruption le majeur, d'en bas, avant que Madame ne puisse ajouter un autre mot. "Matilda ! Infirmière ! Pamby ! où est Bill ? Je n'ai pas dit au revoir à Bill : tenez-le à la fenêtre, l'un de vous !"

"Ma chère Lady Malkinshaw ", ai-je remontré, "pourquoi *m'en vouloir* ? Qu'ai-je fait ?"

"Fait!" répéta madame. "C'est fait !!!—tout ce qui est le plus hostile, le plus injustifiable, le plus peu distingué——"

"Ha ! ha ! ha-aaa !" » rugit le major en criant à voix basse, et en piétinant le jardin avec des éclats de rire affectueux et paternel. "Bill, mon garçon, comment vas-tu ? Il y a un jeune Turc pour toi ! Remonte sa robe - je veux voir ses jolies jambes -"

Lady Malkinshaw a crié et s'est précipitée vers la porte. Je me laissai tomber sur une chaise et joignis les mains avec désespoir.

"Ha! ha! ha-aaa! Quels mollets le chien a! Pamby ! regarde ses mollets. Aha! bénis son cœur, ses jambes sont le modèle de celles de son père! La construction Namby , Matilda: la construction Namby , chaque centimètre carré de Donnez-lui un nouveau coup de pied, Bill, sortez, comme un fou, je vous demande pardon, madame.

Madame ? J'ai couru vers la fenêtre. Le major a-t-il vraiment osé s'adresser à Lady Malkinshaw alors qu'elle passait, indignée, en sortant, dans mon jardin ? Il était! L'odieux monstre montrait sa... sa, que dirai-je ?... sa progéniture *non drapée* à l'attention de mon visiteur indigné.

"Regardez-le, madame. Si vous êtes juge des enfants, regardez-le. Il y a un enfant de deux ans pour vous ! Ha ! ha ! ha-aaa ! Montrez vos jambes à la dame, Bill – expulsez-vous. pour la dame, espèce de chien, vire-toi !"

Je ne peux plus écrire : je me suis fait beaucoup de violence en écrivant tant. D'autres exemples des outrages quotidiens que me fait mon voisin d'à côté (même si je pourrais les ajouter par dizaines) ne pourraient guère mieux illustrer le caractère intolérable du grief dont je me plains. Bien que le sens naturellement fin de la justice de Lady Malkinshaw m'ait permis de l'appeler et de lui faire des remontrances le lendemain du jour où elle avait quitté ma maison ; bien que nous soyons maintenant plus amis que jamais, comment puis-je espérer que Madame me rende visite à nouveau, après les insultes réitérées auxquelles elle a été exposée lors de la dernière fois de sa présence estimée sous mon toit ? Comment puis-je demander à ma nièce, une jeune personne qui a été très soigneusement élevée, de venir séjourner avec moi, quand je sais qu'elle sera conduite dans la plus proche confidentialité du major dès le premier matin de son arrivée, qu'elle le veuille ou non. ça ou pas ? De toutes les tristes perspectives qui s'offrent à toutes les femmes célibataires du monde, la mienne semble la plus désespérée. Mes voisins ne peuvent pas m'aider et je ne peux pas m'en empêcher. La loi du pays ne contient aucune disposition interdisant la gestion habituelle d'une femme et d'une famille dans un jardin de devant. Des remontrances privées adressées à un homme aussi impénétrable au sens des convenances que le major ne feraient que m'exposer au ridicule, et peut-être à l'insulte. Je ne peux pas quitter ma maison, car elle me convient parfaitement et je l'ai achetée. Le major ne peut pas quitter sa maison, car elle lui convient parfaitement et il l'a achetée. Il n'y a en fait aucun remède possible si ce n'est l'expulsion forcée de mon voisin militaire de son domicile ; et il n'y a qu'une seule puissance dans le pays qui soit assez forte pour accomplir ce déplacement : les Horse Guards, furieux des horreurs de la guerre.

CAS QUI valent la peine d'être examinés.—II.
LE REPAS EMPOISONNE.
[Extrait des archives des tribunaux français.]

CHAPITRE I. LES POCHES.

Cette affaire nous fait traverser la Manche jusqu'en Normandie ; et nous présente une jeune française, nommée Marie-Françoise- Victoire Salmon.

Son père était un pauvre ouvrier normand . Sa mère est décédée alors qu'elle était enfant. Dès son plus jeune âge, Marie avait appris à gagner sa vie en allant au service. Trois maîtresses différentes l'ont essayée alors qu'elle était très jeune fille, et ont trouvé toutes les raisons d'être satisfaites de sa conduite. Elle entra dans sa quatrième place, dans la famille d'un certain monsieur Dumesnil , lorsqu'elle avait vingt ans. Ce fut le tournant de sa carrière ; et ici commence proprement l'étrange histoire de sa vie.

Parmi les personnes qui rendaient souvent visite à M. Dumesnil et à sa femme, il y avait un certain M. Revel, parent de Mme Dumesnil . C'était un homme d'une certaine notoriété dans son coin de pays, titulaire d'un poste juridique important à la ville de Caen en Normandie ; et il honora Marie, lorsqu'il la vit pour la première fois chez son maître, de son attention et de son approbation particulières. Elle avait un visage innocent et des manières charmantes ; et M. Revel devint presque oppressant, d'une manière strictement paternelle, qu'elle améliore sa condition en cherchant du service à Caen, où les places étaient abondantes et les salaires plus élevés qu'à la campagne ; et où, il faut aussi le rappeler, M. Revel lui-même vivait par hasard.

Cependant, l'idée que Marie se faisait elle-même des meilleurs moyens d'améliorer sa condition était un peu en contradiction avec l'idée de son conseiller désintéressé. Son ambition était de gagner sa vie de manière indépendante, si elle le pouvait, en étant couturière . Elle quitta d'elle-même le service de M. Dumesnil , sans l'ombre d'une tache sur son caractère, et se rendit dans la vieille ville de Bayeux pour essayer ce qu'elle pouvait faire en s'initiant aux travaux d'aiguille. Comme moyen de subsistance, les travaux d'aiguille se révélèrent bientôt insuffisants ; et elle se retrouva rejetée à nouveau vers l'ancienne ressource du service. Malheureusement, comme la suite des événements se produisit, elle se souvint des conseils paternels de M. Revel et résolut de chercher un emploi de servante à tout faire à Caen.

Elle quitta Bayeux avec le petit paquet de vêtements qui représentait tous les biens qu'elle possédait dans le monde, le premier août mil sept cent quatre-vingt-un. Il convient de remarquer particulièrement cette date et de se rappeler — au cas où certains événements de l'histoire de Marie paraîtraient presque incroyables — qu'elle marque la période qui précéda immédiatement le premier éclatement de la Révolution française.

Parmi les quelques articles d'habillement de femme de chambre que contenait le paquet et sur lesquels il est nécessaire d'attirer l'attention dès le début, se trouvaient *deux paires de poches* , l'une d'elles étant encore dans un état inachevé. Elle en possédait une troisième paire qu'elle portait lors de son voyage. Au siècle dernier, les poches d'une fille de la campagne constituaient une partie importante et proéminente de son costume. Ils pendaient de chaque côté d'elle, prêts à lui tenir la main. Ils étaient parfois très joliment brodés, et ils étaient presque toujours grands et d'une couleur vive .

Le premier août mil sept cent quatre-vingt-un, Marie quitta Bayeux, et, le même jour, de bonne heure, elle arriva à Caen. Ses bonnes manières, son excellent caractère et la modestie de ses exigences en matière de salaire lui permettaient de trouver facilement une situation. Le soir même de son arrivée, une place lui fut réservée ; et sa première nuit à Caen se passa sous le toit de ses nouveaux employeurs.

La famille était composée du maître et de la maîtresse de Marie, Monsieur et Madame Huet Duparc (deux personnes très respectables) ; de deux fils, âgés respectivement de vingt et un et onze ans ; de leur sœur, âgée de dix-sept ans ; et de Monsieur et Madame de Beaulieu, le père et la mère de Madame Duparc , l'un âgé de quatre-vingt-huit ans, l'autre de quatre-vingt-six ans.

Madame Duparc expliqua à Marie les divers devoirs qu'elle devait accomplir, le soir de son entrée dans la maison. Elle devait commencer la journée en allant chercher du lait, qui était un des ingrédients utilisés pour préparer le pudding précipité qui constituait le repas préféré du vieux monsieur M. de Beaulieu. Le pudding précipité devait toujours être prêt à sept heures précises. Ceci fait, Marie devait ensuite emmener chaque matin à la messe la vieille dame infirme, Madame de Beaulieu. Elle devait alors aller au marché et prendre toutes les provisions nécessaires à l'usage quotidien de la famille ; et elle devait enfin s'occuper de la cuisson des aliments, et se rendre utile en outre (avec l'aide occasionnelle de Mme Duparc et de sa fille) dans toutes les autres branches des travaux ménagers. Le salaire annuel qu'elle devait recevoir pour l'accomplissement de toutes ces tâches contradictoires s'élevait précisément à deux livres sterling de monnaie anglaise.

Elle était entrée dans son nouveau logement un mercredi. Le jeudi, elle prit sa première leçon sur la préparation du repas du matin du vieux monsieur. Une chose que sa maîtresse lui fit alors particulièrement remarquer fut qu'elle ne devait *pas* mettre de sel dans le pudding précipité.

Le samedi suivant, lorsqu'elle sortit acheter du lait, elle fit un petit achat pour son propre compte. Bien sûr, il s'agissait d'un vêtement , d'une belle étoffe de couleur orange vif , pour laquelle elle paya presque tout le prix sur place, avec ses petites économies. La somme de deux sous six deniers (environ un penny anglais) était tout ce dont Marie s'attribuait. A son retour à la maison, elle montra l'étoffe à Mme Duparc et lui demanda si elle devait en faire un tablier ou une veste.

Le lendemain étant dimanche, Marie a marqué le coup en revêtant tous les petits atours qu'elle avait. Sa paire de pochettes festives, rayées de bleu et de blanc, sortait de son baluchon avec d'autres affaires. Lorsqu'elle les eut enfilées, elle accrocha au dossier d'une chaise de sa chambre les vieilles poches de travail qu'elle avait portées en quittant Bayeux. C'était une petite pièce au rez-de-chaussée, située près de la salle à manger, et parfaitement d' accès pour tout le monde dans la maison. Longtemps après, Marie se souvint de la douceur et de la douceur de ce dimanche. C'était le dernier jour de bonheur dont devait jouir la pauvre créature dans la maison de madame Duparc .

Le lundi matin, elle est allée chercher le lait comme d'habitude. Mais la laitière n'était pas là pour la servir. De retour à la maison, elle proposa de faire une seconde tentative ; mais sa maîtresse l'arrêta, lui disant que le lait serait sans doute envoyé avant peu. Il en fut ainsi, et Marie, après avoir nettoyé la casserole du pouding précipité de M. de Beaulieu, reçut des mains de Mme Duparc , le vase de terre contenant la farine utilisée dans la maison. Elle mélangea cette farine et la mit dans la casserole en présence de Madame Duparc et de sa fille. Elle venait de mettre le feu à la casserole, lorsque sa maîtresse dit avec une brusquerie très remarquable :

"As-tu mis du sel dedans ?"

"Certainement pas, madame", répondit Marie, étonnée par la question. "Tu m'as dit toi-même que je ne devais jamais y mettre de sel."

Là-dessus, madame Duparc saisit la casserole sans dire un mot, se tourna vers l'habilleuse, tendit la main vers l'une des quatre salières qui étaient toujours là, et versa du sel dans la casserole, ou (pour parler avec une extrême justesse) l'affaire étant importante), sinon saler quelque chose qu'elle prenait pour du sel.

Le pudding préparé à la hâte, Marie le versa de la casserole dans une assiette creuse que tenait sa maîtresse. Madame Duparc elle-même le porta alors à M. de Beaulieu. Elle, sa fille et un de ses fils restèrent avec le vieil homme pendant qu'il prenait son petit déjeuner. Marie, restée dans la cuisine, s'apprêtait à nettoyer la casserole ; mais, avant qu'elle puisse le faire, elle fut soudain appelée dans deux directions différentes, par Mme de Beaulieu et Mme Duparc . La vieille dame voulait être conduite à la messe ; et sa maîtresse voulait l'envoyer faire quelques courses. Marie ne s'arrêta même pas pour verser , comme d'habitude, de l'eau propre dans la casserole. Elle alla aussitôt prendre ses instructions chez madame Duparc et s'occuper de madame de Beaulieu. Emmener la vieille dame à l'église, puis faire les courses de sa maîtresse, l'éloignait si longtemps de la maison, qu'il était onze heures et demie du matin avant qu'elle ne revienne à la cuisine.

La première nouvelle qu'elle reçut à son retour fut que M. de Beaulieu souffrait, depuis neuf heures, d'une violente crise de vomissements et de coliques. Madame Duparc lui ordonna d'aider immédiatement le vieillard à se coucher ; et il demanda, lorsque ces instructions auraient été suivies, si Marie se sentait capable de le soigner elle-même, ou si elle préférerait qu'on fasse venir une nourrice. Fille de bon cœur, volontaire, toujours soucieuse de se rendre utile, Marie répondit qu'elle se chargerait volontiers de soigner le vieillard ; et, là-dessus, son lit fut aussitôt déplacé dans la chambre de M. de Beaulieu.

Pendant ce temps, Mme Duparc allait chercher chez un apothicaire voisin un des apprentis de la boutique pour voir son père. Le garçon était tout à fait inapte à faire face à l'urgence du cas, qui était certainement suffisamment grave pour nécessiter l'attention de son maître, sinon celle d'un médecin régulièrement qualifié. Au lieu d'appliquer des remèdes internes, l'apprenti essaya bêtement de faire des ampoules. Ce traitement s'est avéré totalement inutile ; mais aucun meilleur conseil ne fut demandé. Après avoir souffert pendant des heures sans soulagement, M. de Beaulieu commença à sombrer rapidement vers l'après-midi. A cinq heures et demie, il avait cessé d'exister.

Cette catastrophe choquante, si surprenante et si suspecte qu'elle fût, ne parut pas troubler les nerfs de Mme Duparc . Tandis que son fils aîné quittait aussitôt la maison pour informer son père (absent à la campagne toute la journée) de ce qui s'était passé, elle ne perdit pas de temps pour faire venir la nourrice la plus proche pour déposer le cadavre de M. de Beaulieu. En entrant dans la chambre mortuaire, la nourrice y trouva Marie seule, priant au chevet du vieillard.

« Il est mort subitement, n'est-ce pas ? dit l'infirmière.

"Très soudainement", répondit Marie. "Il se promenait hier encore, en parfaite santé."

Peu de temps après, vint le moment où il fut d'usage de préparer le souper. Marie entra machinalement dans la cuisine pour préparer le repas. Madame Duparc , sa fille et son plus jeune fils s'y asseyaient comme d'habitude. Madame de Beaulieu, accablée par la mort effroyable de son mari, ne put les rejoindre.

Le souper terminé, Marie aida la vieille dame à se coucher. Puis, épuisée de fatigue, elle retourna chez la nourrice pour lui tenir compagnie en veillant près du cadavre. M. de Beaulieu avait été bon pour Marie et lui avait parlé avec gratitude des petites attentions qu'elle lui avait témoignées. Elle s'en souvenait tendrement maintenant qu'il n'était plus ; et elle ne trouvait pas dans son cœur de laisser un pleureur engagé être le seul à veiller sur son lit de mort. Toute la nuit, elle resta dans la chambre, ignorant complètement ce qui se passait dans toutes les autres parties de la maison, y compris sa propre petite chambre, bien entendu.

Le lendemain, vers sept heures, après être restée assise toute la nuit, elle retourna, lasse, à la cuisine pour commencer sa journée de travail. Sa maîtresse l'y rejoignit et la salua aussitôt d'une réprimande.

"Vous êtes la fille la plus insouciante et la plus négligée que j'aie jamais rencontrée", dit Mme Duparc . "Regardez votre robe : comment pouvez-vous espérer être décente le dimanche, si vous portez vos plus belles poches en semaine ?"

Sans doute le chagrin de Mme Duparc pour la perte de son père devait-il être assez léger, s'il ne l'empêchait pas de prêter la plus grande attention aux poches de sa servante ! Quoique Marie ne connaissât le vieillard que depuis quelques jours, elle avait été trop profondément impressionnée par sa maladie et sa fin fatale, pour pouvoir penser à une bagatelle aussi petite que l'état de sa robe. Et maintenant, entre tous les gens du monde, c'était la fille de M. de Beaulieu qui lui rappelait qu'elle n'avait jamais songé à changer de poches, seulement au lendemain de la mort atroce du vieillard.

"Remets tes vieilles poches, directement, fille en désordre !" dit madame Duparc .

Les vieilles poches étaient bien entendu suspendues là où Marie les avait laissées, au dossier de la chaise de sa propre chambre, celle qui était ouverte à quiconque voulait y entrer, celle dans laquelle elle-même n'était pas entrée auparavant. nuit. Elle quitta la cuisine pour obéir à sa maîtresse ; et, prenant la vieille paire de poches sur la chaise, je les attachai le plus vite possible. À partir de ce moment fatal, la servante à tout faire sans amis était une fille ruinée.

CHAPITRE II. L'ARSENIC.

En revenant à la cuisine pour continuer son travail, l'épuisement contre lequel Marie s'était jusqu'alors battue avec succès, l'accapara dès qu'elle s'assit ; sa lourde tête tombait, ses yeux se fermaient malgré elle, et elle tombait dans un sommeil brisé et inquiet. Madame Duparc et sa fille, voyant dans quel état elle se trouvait, se chargeèrent elles-mêmes de la préparation du dîner du jour. Parmi les plats qu'ils préparaient et qu'ils salaient des caves sur la commode, il y avait deux sortes de soupes, l'une pour eux, faite avec du « bouillon » frais, l'autre, pour Marie et la nourrice, faite avec de vieilles soupes.

"action." Ils étaient occupés à faire leur cuisine, lorsque M. Duparc arriva de la campagne ; et Marie fut réveillée pour conduire à l'écurie le cheval qu'il avait monté, desseller l'animal et lui donner sa nourriture de blé.

Pendant qu'elle était ainsi fiancée, Mme Duparc et sa fille restèrent seules dans la cuisine. Lorsqu'elle quitta l'écurie, il était temps pour elle de poser la toile. On lui a dit de mettre des assiettes pour sept personnes. Mais six seulement se mirent à table. Ces six étaient Madame de Beaulieu, Monsieur et Madame Duparc , le plus jeune de leurs deux fils, Madame Beauguillot (sœur de Madame Duparc) et Monsieur Beauguillot (son fils). Mademoiselle Duparc restait à la cuisine pour aider Marie à servir le dîner, et ne prenait place à table qu'une fois la soupe préparée. Son frère aîné, après avoir rappelé son père à la maison, n'était pas revenu à la maison.

Après que la soupe eut été emportée, et pendant que Marie servait à table pendant le repas du deuxième plat, le jeune Duparc se plaignit de sentir quelque chose de granuleux entre ses dents. Sa mère a fait exactement la même remarque. Cependant, personne d'autre n'était d'accord avec eux et le sujet a été laissé de côté. Une fois le deuxième plat terminé, le dessert suivit, composé d'une assiette de cerises. Avec le dessert arriva un visiteur, Monsieur Fergant , parent de Madame Duparc . Ce monsieur se mit à table avec le reste de la société.

Pendant ce temps, la nourrice et Marie préparaient leur dîner dans la cuisine avec la soupe qui leur avait été spécialement prévue, Marie ayant préalablement déposé les assiettes sales et la soupière vide de la salle à manger, dans l'arrière-cuisine, comme d'habitude, à laver au moment opportun. Tandis qu'elle et son compagnon étaient encore occupés à préparer leur soupe, le jeune Duparc et sa mère firent irruption dans la cuisine, suivis des autres personnes qui avaient participé au dîner.

"Nous sommes tous empoisonnés !" s'écria madame Duparc avec la plus grande terreur. "Mon Dieu ! Je sens l'arsenic brûlé dans la cuisine !"

Monsieur Fergant , le visiteur, entendant ces derniers mots, s'avança poliment pour y faire écho.

" De l'arsenic brûlé, sans aucun doute ", dit M. Fergant . Lorsque ce monsieur fut ensuite interrogé à ce sujet, il ne serait peut-être pas inutile de mentionner qu'il était tout à fait incapable de dire quelle sentait l'arsenic brûlé. Il n'est-il pas non plus tout à fait déplacé de se demander comment Mme Duparc a pu être si étonnamment apte à découvrir l'odeur de l'arsenic brûlé ? La réponse à la question ne semble pas facile à trouver.

Ayant établi qu'ils étaient tous empoisonnés, et ayant même découvert (grâce à ces deux chimistes amateurs intelligents, Madame Duparc et Monsieur Fergant) la nature même de la drogue mortelle qui avait été utilisée pour les détruire, la société pensa naturellement ensuite : de la nécessité de faire appel à une aide médicale. Le jeune M. Beauguillot courut obligeamment (il s'agissait apparemment d'un cas d'empoisonnement très bénin pour lui) chez l'apothicaire et alla chercher, non pas l'apprenti cette fois, mais le maître. Le maître, M. Thierry, arriva en toute hâte et trouva les convives se plaignant tous de nausées et de douleurs au ventre. Il leur demanda naturellement ce qu'ils avaient mangé. La réponse fut qu'ils n'avaient mangé que de la soupe.

C'était, pour le moins, une réponse plutôt inexplicable. La compagnie avait eu pour dîner, outre la soupe, un deuxième plat de viande bouillie et de ragoût de bœuf, et un dessert de cerises. Pourquoi ce simple fait a-t-il été caché ? Pourquoi l'attention de l'apothicaire devait-elle se porter exclusivement sur la soupe ? Était-ce parce que la soupière était vide, et que la prétendue odeur d'arsenic brûlé pouvait s'expliquer par l'hypothèse que les restes de la soupe apportée de la salle à manger avaient été jetés sur le feu de la cuisine ? Mais il ne restait aucun reste de soupe : elle avait été entièrement consommée par les convives. Et ce qui est encore plus remarquable, la seule personne dans la cuisine (à l'exception de Marie et de la nourrice) qui ne pouvait pas découvrir l'odeur de l'arsenic brûlé était la personne parmi toutes les autres qui était professionnellement qualifiée pour la découvrir en premier : l'apothicaire lui-même.

Après avoir examiné la soupière et les assiettes, remué la cendre de bois sur le feu et n'avoir fait aucune découverte, M. Thierry se tourna vers Marie et lui demanda si elle pouvait s'expliquer ce qui s'était passé. Elle répondit simplement qu'elle n'en savait rien du tout ; et alors sa maîtresse et le reste des personnes présentes l'accablèrent ensemble d'un parfait torrent de questions. La pauvre fille, effrayée par le brouhaha, épuisée par une nuit blanche et par le dur travail et l'agitation de la journée qui la précédait, fondit en larmes hystériques et fut sommée de sortir de la cuisine pour se coucher et se rétablir. La seule personne qui lui témoignât le moins de pitié et lui offrait la moindre attention était une servante comme elle, qui habitait à côté, et qui se glissait jusqu'à la chambre où elle pleurait seule, avec une tasse de lait chaud et de l'eau pour la réconforter.

Cependant le bruit s'était répandu dans la ville que le vieux monsieur de Beaulieu et toute la famille Duparc avaient été empoisonnés par leur domestique. Madame Duparc s'efforça de donner à la rumeur la plus large diffusion possible. Oubliant complètement, semble-t-il, qu'elle était seule à montrer une femme empoisonnée, elle parcourait la maison avec excitation, avec à ses trousses un parterre d'amies agitées ; raconter sans cesse l'histoire de l'arsenic brûlé à chaque nouveau détachement de visiteurs venus l'entendre ; et enfin il conduisit toute la troupe des femmes dans la chambre où Marie cherchait à se rétablir. La pauvre fille fut encerclée en un instant ; des visages en colère et des voix aiguës la rencontraient de tous côtés ; les questions les plus insolentes, les accusations les plus extravagantes l'assaillaient ; et pas un seul mot de ce qu'elle pouvait dire pour sa propre défense ne fut écouté un instant. Elle s'était levée dans le lit, à genoux, et demandait frénétiquement la permission de parler pour sa propre défense , lorsqu'un nouveau personnage apparut et calma la clameur par sa présence. Cet individu était un chirurgien nommé Hébert, ami de madame Duparc , qui annonçait qu'il était arrivé pour faire bénéficier la famille de son secours, et qui se proposait de commencer les opérations, en fouillant sans plus tarder les poches de la servante.

Dès l'instant où Marie l'entendit faire cette proposition, elle dénoua ses poches et les remit de ses propres mains au chirurgien Hébert. Il les a examinés sur place. Dans l'un d'entre eux, il trouva de l'argent en cuivre et un dé à coudre. Dans l'autre (pour reprendre ses propres mots, cités en preuve) il découvrit « divers fragments de pain, saupoudrés de quelque substance infime, blanche et luisante. Il garda les fragments de pain et quitta immédiatement la pièce sans dire un mot ». ". Par cette façon de procéder, il ne laissait à Marie aucune chance de dire d'abord si elle savait que les morceaux de pain étaient dans sa poche, ou si elle ignorait totalement comment ils y étaient arrivés. Laissant de côté, pour le moment, la question de savoir s'il y avait vraiment de l'arsenic dans les miettes, cela eût manifestement montré à la malheureuse servante à tout faire que la justice commune lui avait donné l'occasion de parler. avant que le pain ne soit emporté.

Il était maintenant sept heures du soir. L'événement suivant fut l'arrivée d'un autre visiteur officieux. Le nouvel ami dans le besoin appartenait à la profession juridique : il s'agissait d'un avocat nommé Friley . Les instincts juridiques de M. Friley le conduisirent aussitôt à une conclusion qui fit sérieusement avancer la marche des événements. Après avoir entendu la déposition de Mme Duparc et de sa fille, il décida qu'il était de son devoir de porter plainte contre Marie devant le procureur du roi, à Caen.

Le procureur du roi n'est désormais plus un étranger pour le lecteur. C'était ce même M. Revel qui s'était si étonnamment intéressé au sort de Marie et qui lui avait fortement conseillé de tenter sa chance à Caen. Voilà donc sûrement un ami enfin trouvé pour la pauvre servante à tout faire. Nous verrons comment M. Revel a agi, après que la dénonciation de Friley ait été dûment déposée.

La loi française de l'époque, et, on peut l'ajouter, les principes de justice les plus communs aussi, exigeaient du procureur qu'il accomplisse certaines tâches évidentes dès que l'accusation contre Marie lui était parvenue.

Il devait en premier lieu se rendre immédiatement, accompagné de son collègue officiel, à l'endroit où le prétendu délit d'empoisonnement était censé avoir eu lieu. Arrivé là-bas, il s'agissait de s'assurer lui-même de l'état des personnes atteintes de maladie ; entendre leurs déclarations; examiner les chambres, les ustensiles de cuisine et la pharmacie familiale , s'il y en avait une dans la maison ; recevoir toute déclaration que l'accusé souhaiterait faire; noter ses réponses à ses questions ; et, enfin, de conserver tout ce qui serait trouvé sur le domestique (les miettes de pain, par exemple, dont le chirurgien Hébert avait froidement pris possession), ou tout ce qui serait trouvé dans la maison et qu'il serait nécessaire de produire comme preuve, dans une position de sécurité absolue. , sous la main et le sceau de la justice.

C'étaient là les devoirs évidents que M. Revel, procureur, était officiellement tenu de remplir. Dans le cas de Marie, non seulement il a négligé d'en exécuter aucune, mais il a en fait sanctionné un projet visant à la piéger en prison, en envoyant un commissaire de police à la maison, en civil, avec ordre de la placer à l'isolement. confinement. A quel motif pouvait-on attribuer cette violation scandaleuse de ses devoirs et de la justice ? La dernière fois que nous avons vu M. Revel, il était si bienveillant envers Marie qu'il daignait la conseiller sur ses perspectives de vie, et allait même jusqu'à lui recommander de chercher une place dans la ville même où il demeurait lui-même. Et maintenant, nous le trouvons si soudainement et si amèrement hostile à l'égard de l'ancien objet de son patronage, qu'il prête en fait le concours de sa haute position officielle pour sanctionner une accusation contre elle, sur la véracité ou la fausseté dont il n'avait pas fait un seul enquête! Se pourrait-il que l'intérêt de M. Revel pour Marie n'ait après tout pas été des plus purs possibles, et que la malheureuse se soit montrée trop obstinément vertueuse pour qu'on lui enseigne quel était le véritable but vers lequel se dirigeaient en privé les attentions de son trop bienveillant conseiller. ? Il n'y a aucune preuve attachée à l'affaire (comme comment devrait-il y en avoir ?) pour le prouver. Mais existe-t-il une autre explication de la conduite de M. Revel qui tendrait à expliquer son extraordinaire incohérence ?

Ayant reçu ses instructions secrètes, le commissaire de police, un nommé Bertot , se rendit chez Monsieur et Madame Duparc , déguisés en civil. Sa première démarche fut d'ordonner à Marie de produire les diverses assiettes, plats et ustensiles de cuisine qui avaient servi au dîner du mardi sept août (jour où l'empoisonnement de la compagnie aurait eu lieu).). Marie sortit une casserole, un vase en terre, une casserole et plusieurs assiettes empilées les unes sur les autres, dans l'une desquelles il y avait des restes de soupe. Bertot enferma ces objets dans le placard de la cuisine et emporta la clé avec lui. Il aurait dû prendre la précaution supplémentaire de mettre un sceau sur l'armoire, afin d'empêcher toute manipulation de la serrure ou toute trahison avec une clé en double. Mais il a négligé de le faire.

Il fit ensuite savoir à Marie que le procureur Revel désirait lui parler, et lui proposa de l'accompagner sur-le-champ chez ce monsieur. N'ayant le moindre soupçon d'aucune trahison, elle y consentit volontiers et quitta la maison avec le commissaire. Un ami des Duparc , nommé Vassol , les accompagnait.

Une fois sorti de la maison, Bertot conduisit son prisonnier sans méfiance directement à la prison . Dès qu'elle fut franchie les portes, il l'informa qu'elle était arrêtée et procéda à une fouille en présence de Vassol , du geôlier de la prison et d'une femme nommée Dujardin . La première chose trouvée sur elle fut un petit sac de toile, cousu à son jupon, et contenant une espèce de charme religieux, en forme de morceau d'hostie sacramentelle. Ses poches ont ensuite été examinées (les poches que le chirurgien Hébert avait fouillé précédemment). On y trouva un peu de poussière au fond, qui fut secouée sur du papier, enveloppée avec le sac de toile, scellée dans un seul paquet et portée au parquet. Enfin, la femme Dujardin trouva dans le sein de Marie une petite clé, qu'elle reconnut volontiers comme étant la clé de son armoire.

La perquisition terminée, un dernier acte de cruauté et d'injustice était tout ce qui restait à commettre pour cette journée. La malheureuse fut immédiatement placée au secret.

CHAPITRE III. LA PREUVE.

Jusqu'à présent, il ne s'agit que de soupçons. En attendant la fin du procès pour décider sur qui doivent reposer ces soupçons, écoutons maintenant les témoignages par lesquels les Duparc et leurs partisans ont procédé pour justifier leur conspiration contre la liberté et la vie d'une jeune fille sans amis.

Ayant mis Marie au secret, et ayant ainsi laissé la maison et tout ce qu'elle contenait pendant une nuit entière à la libre disposition des Duparc , le procureur Revel pensa, le lendemain de l'arrestation de son prisonnier, à la nécessité de procéder avec quelque chose qui ressemble à une régularité officielle. Il fit donc sa réquisition au lieutenant- Criminel de l'accompagner chez M. Duparc , assisté des médecins et du greffier, pour s'enquérir des circonstances dans lesquelles avait eu lieu la mort présumée par empoisonnement de M. de Beaulieu. Marie avait été incarcérée le soir du 7 août, et cette réquisition est datée du 8 au matin. Le document trahit un caractère informel remarquable. Il mentionne la mort de Monsieur de Beaulieu ; mais il reste absolument silencieux au sujet de l'empoisonnement présumé de sept personnes lors du dîner du lendemain. Et cependant ce fut cette dernière circonstance seule qui attira d'abord les soupçons contre Marie, et qui détermina Friley à déposer contre elle la dénonciation sur laquelle le procureur agissait maintenant. Il est probable que le sens juridique de Monsieur Revel l'ait convaincu, dès le début, que l'histoire du dîner empoisonné était trop faible pour être fiable.

Les officiers de justice, accompagnés des médecins, se rendirent le 8 août chez les Duparc . Après avoir vu le corps de M. de Beaulieu, les médecins furent chargés de l'ouvrir et de l'examiner. Ils rapportèrent la découverte dans l'estomac d'un liquide rougeâtre, couleur brique , ressemblant un peu à la lie du vin. La membrane muqueuse était détachée par endroits et sa surface interne était corrodée. En examinant le liquide rougeâtre, ils trouvèrent qu'il contenait un sédiment cristallisé qui, à l'analyse , s'avéra être de l'arsenic. Là-dessus les médecins déclarèrent que M. de Beaulieu avait été empoisonné, et que ce poison avait été la cause de sa mort.

L'événement ayant pris cette tournure grave, le premier devoir du lieutenant-Criminel (selon la loi française) fut de faire venir la domestique sur laquelle reposaient les soupçons, de l'interroger et de la confronter aux Duparc . Il n'a rien fait de tel ; il n'a fait aucune enquête sur la domestique (n'étant probablement pas disposé à dénoncer son collègue, le procureur, qui l'avait illégalement arrêtée et illégalement emprisonnée) ; il n'a jamais examiné les ustensiles de cuisine que le commissaire avait mis sous clé ; il n'a jamais ouvert l'armoire de la servante avec la clé qui lui avait été confisquée lors de sa fouille en prison. Il se contenta de mettre par écrit le rapport des médecins et de regagner son cabinet avec son posse- comitatus à ses trousses.

Il a fallu convoquer les témoins et les interroger. Mais le procureur Revel se souvint alors opportunément de l'histoire du dîner empoisonné, et il envoya le lieutenant Criminel examiner les Duparc et leurs amis à la résidence particulière de la famille, en considération de l'état maladif des mangeurs du repas frelaté. Il vaudrait peut-être mieux observer, ici comme ailleurs, que ces personnages très indulgents n'avaient été suffisamment incommodés pour se coucher ou pour modifier en aucune manière leurs habitudes ordinaires.

Dans l'après-midi du 8, le lieutenant- Criminel se rendit chez M. Duparc , pour recueillir des témoignages touchant la mort par empoisonnement de M. de Beaulieu. Le premier témoin appelé était M. Duparc .

Ce monsieur, on s'en souvient, était absent le lundi 6, lorsque M. de Beaulieu mourut, et ne revint, sur l'appel de son fils aîné, qu'à onze heures et demie de la matinée du septième. Il n'avait rien à déposer concernant la mort de son beau-père, ni sur les événements qui auraient pu se produire dans la maison dans la nuit du 6 et dans la matinée du 7. En revanche, il avait beaucoup à dire sur l'état de son estomac après le dîner du 7, genre de renseignements peu propres à jeter beaucoup de lumière sur le sujet de l'enquête, qui était l'empoisonnement de M. de Beaulieu. .

La vieille dame, Madame de Beaulieu, fut ensuite examinée . Elle ne pouvait donner aucun témoignage de la moindre importance sur l'affaire en question

; mais, comme M. Duparc , elle avait quelque chose à dire sur le dîner empoisonné.

Mme Duparc suit sur la liste des témoins. Le rapport de son examen — tant elle s'était complètement remise des effets du dîner du septième — était d'une longueur prodigieuse. Les cinq sixièmes se rapportaient entièrement à ses propres sensations et soupçons, ainsi qu'aux sensations et soupçons de ses parents et amis, après qu'ils fussent levés de table. Quant au point en litige, au point qui affectait la liberté, et peut-être la vie, de sa malheureuse servante, elle avait si peu à dire que son témoignage peut être répété ici dans ses propres mots :

" Le témoin (Madame Duparc) a déposé qu'après que Marie eut aidé M. de Beaulieu à se lever, elle (Marie) courut chercher le lait, et, en revenant avec, prépara le pudding, l'enleva elle-même du et elle le versa elle-même dans l'assiette, puis quitta la cuisine pour accompagner madame de Beaulieu à la messe. Quatre ou cinq minutes après que M. de Beaulieu eut mangé le pudding précipité, il fut pris d'un violent mal.

Aussi brève soit-elle, cette déclaration contient plusieurs suppressions distinctes de la vérité.

Premièrement, Madame Duparc a tort de dire que Marie allait chercher le lait, car c'est la laitière qui l'apportait à la maison. Deuxièmement, Madame Duparc cache qu'elle a remis la farine au domestique pour faire le pudding hâtif. Troisièmement, Madame Duparc ne mentionne pas qu'elle tenait l'assiette dans laquelle on devait verser le pouding et qu'elle l'apportait à son père. Quatrièmement, et c'est le plus important, Mme Duparc omet complètement de dire qu'elle a saupoudré de sel de ses propres mains le pudding précipité, bien qu'elle ait expressément informé sa servante, un jour ou deux auparavant, qu'il ne fallait jamais saler. y être mélangé. À un stade ultérieur de la procédure, elle fut accusée d'avoir elle-même salé le pudding hâtif, ce qu'elle ne pouvait pas nier et ne l'a pas fait.

L'interrogatoire de Mme Duparc termina l'affaire le jour du huit. Le lendemain matin, le lieutenant- Criminel , aussi poliment attentif qu'avant, revint reprendre son enquête chez monsieur Duparc .

Le premier témoin interrogé le deuxième jour fut Mademoiselle Duparc . Elle suivit attentivement l'exemple de sa mère, disant le moins possible de la préparation du pudding précipité du lundi matin et le plus possible de la douleur ressentie par tout le monde après le dîner du mardi. Madame Beauguillot , le témoin suivant, ajouta son témoignage sur l'état de ses propres organes digestifs, après avoir pris le même repas, parlant si prodigieusement que le poison semblait, dans son cas, avoir produit son effet principal. et ce chapeau d'un genre stimulant) sur sa langue. Son fils, M. de

Beauguillot , fut ensuite interrogé, tout à fait inutilement sur la mort par empoisonnement qui faisait l'objet de l'enquête. Le dernier témoin était le fils cadet de Mme Duparc , celui-là même qui s'était plaint de sentir une substance granuleuse entre ses dents au dîner. Sur un point important, son témoignage contredit catégoriquement celui de sa mère. Madame Duparc avait adroitement lié la maladie de M. de Beaulieu au pudding précipité, en décrivant le vieillard comme étant tombé malade quatre ou cinq minutes après l'avoir mangé. Le jeune Duparc , au contraire, déclarait que son grand-père se sentait malade pour la première fois à neuf heures, soit deux heures exactement après avoir pris son repas du matin.

Avec le témoignage de ce dernier témoin, les interrogatoires à la résidence privée de Monsieur Duparc se terminèrent. Jusqu'ici, sur les sept personnes, toutes apparentées entre elles, qui avaient été appelées à témoigner, trois (Monsieur Duparc lui-même, Madame Beauguillot et son fils) n'étaient pas dans la maison le jour où mourut Monsieur de Beaulieu. Des quatre autres qui avaient été présents (Madame de Beaulieu, Madame Duparc , son fils et sa fille), pas un ne s'est plaint d'un seul fait tendant à fixer sur Marie un soupçon raisonnable d'avoir administré du poison à M. de Beaulieu.

Les témoins restants, cités devant le lieutenant Criminel , étaient au nombre de vingt-neuf. Aucun d'eux n'était présent dans la maison le lundi, jour de la mort du vieil homme. Vingt-six d'entre eux n'avaient rien d'autre à offrir que des témoignages par ouï-dire au sujet des événements survenus pendant et après le dîner de mardi. Le témoignage des trois autres, à savoir celui de Friley , qui avait porté plainte contre Marie ; du chirurgien Hébert, qui avait fouillé ses poches dans la maison; et du commissaire Bertot , qui l'avait fouillée une seconde fois après l'avoir emmenée en prison, tel était le témoignage sur lequel s'appuyaient principalement les ennemis de la jeune fille pour étayer leurs accusations en l'associant positivement à la possession d'arsenic.

Voyons quel crédit peut être attaché au témoignage de ces trois témoins.

Friley fut le premier à être examiné. Après avoir exposé quelle part il avait pris dans la poursuite de Marie (on se souvient qu'il avait déposé sa dénonciation contre elle à la demande de madame Duparc , sans lui permettre de dire un mot pour sa défense), il déposa qu'il Il fouilla autour du lit sur lequel la jeune fille s'était couchée pour se rétablir, et qu'il découvrit sur le matelas sept ou huit grains épars d'une substance qui ressemblait à la poudre qu'on disait avoir trouvée sur les miettes de ses poches. Il ajouta encore que le lendemain, environ deux heures avant l' examen du corps de M. de Béaulieu, il revint à la maison ; fouillé sous le lit, avec M. Duparc et un militaire nommé Cauvin ; et y trouva encore quatre ou cinq grains de la même substance qu'il avait découverte sur le matelas.

Voici donc deux portions distinctes de poison trouvées. Qu'en a fait Friley ? Les a-t-il immédiatement scellés, en présence de témoins, et les ont-ils présentés aux autorités judiciaires ? Rien de la sorte. Lorsqu'on lui demanda ce qu'il avait fait de la première portion, il répondit qu'il l'avait donnée au jeune Monsieur Beauguillot . Le témoignage de Beauguillot fut alors évoqué ; et on découvrit qu'il n'avait jamais mentionné avoir reçu le paquet de poudre de Friley . Il s'était rendu extrêmement officieux en examinant les ustensiles de cuisine ; il avait été aussi désireux que quiconque de promouvoir la découverte de l'arsenic ; et lorsqu'il eut l'occasion de le produire, si l'on en croyait Friley , il le retint et ne dit pas un mot à ce sujet. Voilà pour la première portion de la poudre mystérieuse et pour la crédibilité du témoignage de Friley jusqu'à présent !

Interrogé sur ce qu'il avait fait de la seconde portion, prétendument trouvée sous le lit, Friley répondit qu'il l'avait remise aux médecins qui avaient ouvert le corps, et qu'ils avaient essayé de découvrir de quoi il s'agissait, en le brûlant entre deux pièces de cuivre. Un témoin qui avait assisté à cette procédure a déclaré, interrogé, que l'expérience avait été faite avec quelques restes de pudding précipité grattés de la casserole. Là encore, il y avait une contradiction, et là encore, on ne pouvait pas se fier au témoignage de Friley

.

Le chirurgien Hébert a suivi. Qu'avait-il fait des miettes de pain saupoudrées de poudre blanche qu'il avait trouvées dans la poche de Marie ? Il les avait, après les avoir montrés à la société dans le salon, les avait exposés près de l'apothicaire, et les avait ensuite remis à un autre médecin. S'étant enfin assuré qu'il y avait de l'arsenic sur le pain, il avait scellé les miettes et remis le paquet aux autorités judiciaires. Quand avait-il fait ça ? Le jour de son interrogatoire comme témoin, le 14 août. Quand a-t-il trouvé les miettes ? Le septième. Voilà donc l'arsenic, dans ce cas, passant de main en main, et non scellé, pendant sept jours. Le chirurgien Hébert avait-il autre chose à dire ? Oui, il avait encore un petit lot d'arsenic à remettre, qu'une de ses amies lui avait dit avoir trouvé sur le lit de Marie, et qui, comme le premier lot, circulait en privé depuis sept jours, de main en main. main, avant qu'il ne soit scellé. Il nous semble, en ces jours plus tard et meilleurs, difficilement croyable que le juge ait admis ces deux paquets comme preuve. Il est néanmoins honteux qu'il les ait ainsi reçus.

Le commissaire Bertot arriva ensuite. Lui et le nommé Vassol , qui l'avait aidé à piéger Marie en prison et à la fouiller avant qu'elle ne soit mise au secret, furent interrogés successivement et se contredirent sous serment de la manière la plus plate.

Bertot déclara qu'il avait découvert la poussière au fond de ses poches ; je l'avais secoué sur du papier ; elle y avait déposé le petit sac de toile, contenant un morceau de l'hostie sacramentelle, qui avait été cousue à son jupon ; il avait scellé les deux dans un seul paquet ; et avait apporté le paquet au bureau approprié. Vassol , de son côté, jura qu'il *avait* secoué les poches et reconstitué le paquet ; et que Bertot n'avait fait que prêter son sceau. Se contredisant sur ces détails, tous deux convinrent que ce qu'ils avaient trouvé sur la jeune fille était enfermé et scellé dans *un seul* paquet qu'ils avaient laissé au bureau, négligeant de prendre pour cela un reçu qui aurait pu établir son identité par écrit. . A ce stade de la procédure, le paquet fut réclamé. Trois paquets sont apparus au lieu d'un ! Deux étaient composés de papier et contenaient de la poussière et un peu de poudre blanche. Le troisième était le sac en lin, présenté sans aucune couverture. Vassol , déconcerté par le changement, déclara que de ces trois objets distincts, il ne pouvait en identifier qu'un seul : le sac en lin. Dans cette affaire, il était clair comme le jour que quelqu'un avait dû altérer l'unique paquet scellé que Bertot et Vassol juraient avoir laissé au bureau. Aucune tentative n'a cependant été faite pour enquêter sur cette circonstance ; et le dossier de l'accusation — en ce qui concerne l'accusation d'empoisonnement — s'est terminé par l'interrogatoire de Bertot et Vassol .

Telles étaient les preuves produites à l'appui d'une accusation qui n'impliquait rien de moins que la vie ou la mort d'un être humain.

CHAPITRE IV. LA PHRASE.

Pendant que l'enquête était en cours, divers détails qui s'y rapportaient ont été divulgués. Le sens naturel de la justice parmi le peuple, qui avait survécu aux corruptions de l'époque, fut éveillé pour s'affirmer en faveur de la servante à tout faire. La voix publique parlait alors aussi haut qu'elle l'osait, en faveur de Marie et pour condamner le complot contre elle.

On a persisté, dès le début, à demander comment l'arsenic était entré dans la maison de M. Duparc ; et la rumeur répondait, dans plus d'un sens, qu'un membre de la famille avait acheté le poison depuis peu de temps, et qu'il y avait des personnes dans la ville qui pouvaient le prouver. À la stupéfaction de tous, aucune mesure n'a été prise par les autorités judiciaires pour clarifier cette information et en établir la vérité ou la fausseté avant le procès. Une autre circonstance, dont aucune explication n'a été tentée non plus, a rempli l'esprit public d'une suspicion naturelle. C'était la disparition du fils aîné de Monsieur et Madame Duparc . Le jour de la mort subite de son grand-père, il avait été envoyé, comme on s'en souvient, pour ramener son père de la campagne ; et, depuis lors, il n'était plus reparu à la maison, et personne ne pouvait dire ce qu'il était devenu. N'était-il pas naturel de lier les rumeurs du poison acheté et la mystérieuse disparition de ce jeune homme ? N'était-il pas totalement incompatible avec toute procédure menée au nom de la justice de laisser subsister ces circonstances suspectes, sans faire la moindre tentative de les enquêter et de les expliquer ?

Mais, indépendamment de toutes autres considérations, l'accusation portée contre Marie était, à première vue, ridiculement incroyable. Une jeune fille sans amis arrive dans une ville étrange, possédant d'excellents témoignages de son caractère, et se retrouve dans une famille dont chaque membre lui est totalement inconnu jusqu'à ce qu'elle entre dans la maison. Établie dans son nouveau logement, elle conçoit aussitôt le projet d'empoisonner toute la famille, et l'exécute dans les cinq jours à compter du moment où elle a pris sa situation pour la première fois, en tuant un membre de la maison et en produisant des symptômes suspects de maladie dans la maison. cas de tout le reste. Elle commet ce crime sans rien y gagner ; et elle est si inconcevablement imprudente lorsqu'elle répand du poison sur le lit sur lequel elle se couche, laisse du poison coller aux miettes dans ses poches, met ces poches lorsque sa maîtresse le lui dit et les lui remet sans un instant. hésitation à la première personne qui demande la permission de les fouiller. Quelle preuve mortelle pourrait étayer une accusation aussi farfelue que celle-ci ? Comment les preuves réellement présentées le justifient-elles ? Pour commencer, aucune preuve qu'elle avait acheté de l'arsenic n'est proposée. Les éléments de preuve retenus contre elle tentent de l'associer à la possession réelle de poison. Que vaut-il ? En premier lieu, les témoins se contredisent. En deuxième lieu, dans aucune affaire dans laquelle des substances en poudre ont été produites comme preuve contre elle, ces substances en poudre n'ont pas été conservées de manière à empêcher leur altération. Deux paquets de poudre passent de main en main pendant sept jours ; deux ont été remises à des témoins qui ne peuvent les produire ni rendre compte de ce qu'ils sont devenus ; et un, que les témoins qui l'ont composé jurent comme un seul paquet, se développe soudain en trois lorsqu'il est demandé en preuve !

Peu soucieux d'assumer même les décences extérieures de la justice, les autorités judiciaires et leurs amis les Duparc pensaient qu'il y aurait quelque risque à juger leur victime pour sa vie sur de telles preuves, dans une grande ville comme Caen. Il était impossible de changer de position et de l'accuser accidentellement d'empoisonnement ; car soit ils ne pouvaient pas, soit ils ne voulaient pas expliquer, pour des raisons ordinaires, la présence d'arsenic dans la maison. Et même si cette difficulté était surmontée, et si l'on prétendait que de l'arsenic acheté pour tuer la vermine avait été négligemment déposé dans une des salières de la commode, Mme Duparc ne pourrait nier que ses propres mains aient salé le pudding hâtif de la commode. le lundi, et que sa servante était trop malade d'épuisement pour préparer le dîner du mardi. Même en supposant qu'il n'y ait pas d'intérêts sérieux des plus ignobles en jeu, qui rendraient la destruction de la jeune fille une nécessité, il était évidemment impossible de modifier l'accusation portée contre elle. Il restait une autre alternative : celle d'ajouter une seconde accusation qui pourrait contribuer à renforcer la première et à dégrader Marie dans l'estime des habitants de la ville qui étaient maintenant disposés à sympathiser avec elle.

Le caractère de la pauvre fille était si bon, sa vie à la campagne antérieure était si inoffensive, qu'on ne pouvait trouver dans son histoire aucune allusion ni suggestion pour une seconde accusation contre elle. Pour que ses ennemis réussissent, il fallait s'en remettre à l'invention pure. N'ayant hésité jusqu'ici devant aucun extrême de bassesse et de mensonge, ils étaient fidèles à eux-mêmes à l'égard de toute entreprise vile qui restait à tenter.

Un ou deux jours après que l'interrogatoire des témoins appelés à prouver l'empoisonnement eut été jugé complet, le public caennais fut stupéfait d'apprendre que certaines révélations avaient eu lieu qui rendraient nécessaire de juger Marie, également pour vol. dès l'empoisonnement. Elle était désormais accusée non seulement du meurtre de M. de Beaulieu, mais d'avoir volé son ancienne maîtresse, Mme Dumesnil (parente, on s'en souvient, de M. Revel), dans la situation qu'elle occupait avant de venir à Caen ; d'avoir volé Mme Duparc ; et de voler la commerçante à qui elle avait acheté le morceau d' étoffe de couleur orange , dont l'achat est mentionné dans une première partie de ce récit.

Il n'est pas nécessaire d'entraver la progression du récit en entrant dans les détails de cette seconde accusation atroce. Lorsque le lecteur saura que les soi-disant preuves à l'appui de l'accusation de vol ont été rassemblées par le procureur Revel, par le commissaire Bertot et par Mme Duparc , il saura d'avance quelle importance y attacher et quelle opinion y entretenir. sur la question de l'innocence ou de la culpabilité du prisonnier.

La procédure préliminaire est désormais considérée comme terminée. Au cours de leur parcours, Marie avait été formellement interrogée, dans sa prison, par la justice. Aussi effrayante que soit sa situation, la pauvre fille semble avoir gardé suffisamment de sang-froid pour déclarer fermement son innocence d'empoisonnement et son innocence de vol. Ses réponses, il va sans dire, ne lui servirent à rien. Aucune aide juridique ne lui a été attribuée ; aucune institution telle qu'un jury n'existait en France. Le procureur Revel a rassemblé les preuves, le procureur Revel a jugé l'affaire, le procureur Revel a prononcé la sentence. Faut-il dire au lecteur que le juge irresponsable et l'ennemi sans scrupules de Marie n'ont eu aucune difficulté à la déclarer coupable ? Elle avait été arrêtée le sept août mil sept cent quatre-vingt-un. Sa condamnation fut prononcée le dix-sept avril mil sept cent quatre-vingt-deux. Durant tout cet intervalle, elle resta en prison.

La sentence a été prononcée dans les termes suivants. Il fut écrit, imprimé et placardé à Caen ; et il est ici traduit de l'original français :

« Le Procureur Royal du Bailliage et de la Chambre Civile et Pénale et Présidence de Caen, ayant pris connaissance des pièces concernant le procès spécialement institué contre Marie-Françoise- Victoire -Salmon, accusée d'empoisonnement ; lesdits documents consistant en un procès-verbal de la capture de ladite Marie-Françoise- Victoire -Salmon le sept août dernier, ainsi que d'autres procès-verbaux officiels, etc.,

"Exige que le prisonnier soit déclaré dûment condamné,

" I. D'avoir, le lundi matin du 6 août dernier, préparé du pouding hâtif pour M. Paisant de Beaulieu, beau-père de M. Huet-Duparc , dans la maison duquel le prisonnier avait demeuré en qualité de domestique dès le premier jour dudit mois d'août ; et d'avoir mis de l'arsenic dans ledit pudding en le cuisant, par lequel arsenic ledit Monsieur de Beaulieu mourut empoisonné, vers six heures du même soir.

" II. D'avoir le lendemain, mardi 7 août dernier, mis de l'arsenic dans la soupe qui était servie, à midi, à la table de Monsieur et Madame Duparc , ses patrons, en conséquence de quoi toutes ces personnes qui assis à table et mangeant de ladite soupe furent empoisonnés et rendus dangereusement malades, au nombre de sept.

« III. D'avoir été découverte avec de l'arsenic en sa possession, lequel arsenic a été trouvé ledit mardi, dans l'après-midi, non seulement dans les poches de la prisonnière, mais sur le matelas du lit sur lequel elle reposait ; l'arsenic ayant été reconnu comme étant de même nature et exactement semblable à celui que les convives découvrirent mis dans leur soupe, ainsi qu'à celui qu'on trouva le lendemain, dans le corps dudit Monsieur de Beaulieu, et dans la casserole dans laquelle avait été cuit le pudding précipité, dont avait mangé ledit monsieur de Beaulieu.

" IV. D'être *fortement soupçonnée* d'avoir mis du même arsenic dans une assiette de cerises qu'elle servait à Madame de Beaulieu, le même mardi matin, et de nouveau l'après-midi du même jour à la table de Monsieur et Madame. Duparc .

" V. D'avoir, à l'époque de Saint-Michel mil sept cent quatre-vingts, commis différents vols chez M. Dumesnil , où elle demeurait en qualité de servante, et notamment d'avoir volé un drap dont elle se faisait un jupon. et un tablier.

" VI. D'avoir, au début du mois d'août dernier, volé, chez M. Huet-Duparc , les différents objets énumérés au procès, et qui ont été trouvés enfermés dans son armoire.

" VII. D'être *fortement soupçonné* d'avoir volé, au début dudit mois d'août, à la femme Lefèvre , un morceau d' étoffe orange .

« Pour punition et réparation de quels délits, elle, ladite Marie-Françoise-Victoire -Salmon, sera condamnée à faire expiation, en chemise, avec un licou autour du cou, tenant dans ses mains une bougie allumée en cire du poids de deux livres, devant la porte principale et l'entrée de l'église Saint-Pierre, où elle sera conduite et conduite par l'exécuteur des peines criminelles, qui attachera devant elle et derrière son dos une pancarte sur laquelle seront écrits en gros caractères ces mots : *Empoisonneuse et Voleuse Domestique* . Et là, étant à genoux, elle déclarera qu'elle a méchamment commis lesdits vols et empoisonnements, dont elle se repent et demande pardon à Dieu et à la Justice. Ceci fait, elle sera conduite par ledit bourreau sur la place du marché Saint -Sauveur , pour y être attachée à un pieu avec une chaîne de fer, et être brûlée vive son corps pour être réduit en cendres, et le corps sera brûlé vif. les cendres devaient être jetées au vent ; ses biens devaient être acquis et confisqués au roi, ou à qui qu'ils appartiennent. Lesdits biens seront punis d'une amende de dix livres au roi, dans le cas où la confiscation ne tournerait pas au profit de Sa Majesté.

« Exigé, en outre, que ladite prisonnière soit préalablement soumise à la torture ordinaire et extraordinaire, pour obtenir des renseignements sur ses complices, et notamment sur ceux qui lui ont vendu ou lui ont donné l'arsenic trouvé en sa possession. Ordonnance rendue pour l'impression et l'affichage de cette sentence, dans les endroits qui seront jugés convenables. Délibéré à la barre, ce dix-sept avril mil sept cent quatre-vingt-deux.

"(Signé) REVEL. "

Le lendemain, 18, cette sentence effroyable fut formellement confirmée.

L'affaire était désormais devenue publique, et personne ne pouvait empêcher la malheureuse prisonnière de faire valoir les droits que la loi lui accordait encore. Elle a eu le privilège de faire appel de sa condamnation devant le parlement de Rouen. Et elle fit appel en conséquence ; étant transféré, comme le prescrit la loi en pareil cas, de la prison de Caen à la prison de Rouen, pour attendre la décision du tribunal supérieur.

Le 17 mai, le Parlement de Rouen rendit son arrêt et confirma la sentence initiale.

Il y eut d'abord quelque difficulté à faire comprendre à la malheureuse jeune fille que sa dernière chance de vivre lui avait manqué. Lorsque le fait que sa sentence devait être exécutée fut enfin imprimé dans son esprit, elle se laissa tomber, la face contre le sol de la prison, puis se remit à genoux, criant passionnément au ciel d'avoir pitié d'elle et de accorde-lui la justice et la protection que les hommes lui ont refusées. Son agitation devant l'effroyable perspective qui s'offrait à elle était si violente, ses cris de terreur si aigus et si perçants, que toutes les personnes liées à la direction de la prison se précipitèrent ensemble vers sa cellule. Parmi eux se trouvaient trois prêtres, qui avaient l'habitude de visiter les prisonniers et de leur prodiguer une consolation spirituelle. Ces trois hommes s'employèrent avec miséricorde à apaiser l'agonie mentale dont souffrait la pauvre créature. Lorsqu'ils l'eurent partiellement calmée, ils la trouvèrent bientôt disposée et impatiente de répondre à leurs questions. Ils s'enquirent soigneusement des principaux détails de sa triste histoire ; et tous trois arrivèrent à la même conclusion, qu'elle était innocente. Voyant l'impression qu'elle avait produite sur eux, elle crut, dans son désespoir, à l'idée qu'ils pourraient peut-être lui conserver la vie ; et il leur incombait le terrible devoir de la priver de ce dernier espoir. Après la confirmation de la sentence, il ne leur restait plus qu'à lui prouver leur compassion en la préparant pour l'éternité.

Le 26 mai, les prêtres adressent à son âme leurs dernières paroles de réconfort. Elle fut reconduite, pour attendre l'exécution de sa peine à la prison de Caen. Le jour fut enfin fixé pour sa mort par incendie, et le matin vint où la chambre de torture fut ouverte pour la recevoir.

CHAPITRE V. LE SILENCE.

Il reste maintenant à raconter la partie la plus triste de la triste histoire de Marie.

Il lui restait une ressource, grâce à laquelle il lui était possible, au dernier moment, d'écarter pendant quelques mois l'effroyable perspective du supplice et du bûcher. La malheureuse fille pourrait, de son côté, s'abaisser à user des armes de la tromperie contre ses ennemis, et diffamer sa propre réputation en invoquant la grossesse. Cette misérable alternative était tout ce qui restait désormais ; et, dans l'extrême terreur mortelle, avec l'ombre du bourreau sur sa prison, et avec l'agonie du tourment et de la mort imminente dans son cœur, la créature abandonnée l'accepta. Si la loi de la stricte morale doit la juger en cette matière sans considération et la condamner sans appel, l'esprit de miséricorde chrétienne, se souvenant de combien elle a été éprouvée, se souvenant de la fragilité de notre commune humanité, se souvenant de la parole d'avertissement qui nous interdisait de se juger les unes les autres, peut ouvrir son sanctuaire de tendresse à une sœur affligée , et lui offrir le tribut de sa pitié, sans limite et sans reproche.

Le plaidoyer de grossesse fut admis et, à la onzième heure, le délai de l'exécution fut ajourné. Le jour où ses cendres devaient être jetées aux vents, elle était encore dans sa prison, une femme vivante et respirante. Ses membres furent épargnés du supplice, son corps fut dégagé du bûcher, jusqu'au vingt-neuf juillet mil sept cent quatre-vingt-deux. Ce jour-là, son sursis devait prendre fin et l'exécution de sa sentence devait absolument avoir lieu.

Pendant le court délai de grâce qui allait s'écouler, la situation de la jeune fille sans amis, accusée de crimes si incroyables et condamnée à un sort si terrible, fut largement discutée dans la société française. L'affaire devint notoire au-delà des limites de Caen. Le bruit s'en répandit par Rouen, de bouche en bouche, jusqu'à Paris ; et de Paris elle pénétra dans le palais du roi à Versailles. Ce malheureux, dont le destin effroyable était de payer le châtiment que la longue et noble endurance du peuple français s'était trop miséricordieusement abstenu d'infliger à ses coupables prédécesseurs, venait alors de gravir les funestes marches du trône. Louis XVI était souverain de France lorsque l'histoire de la pauvre servante fut diffusée pour la première fois à la cour de Versailles.

La conduite du roi, lorsque les principaux faits du cas de Marie lui parvinrent, fit tout honneur à son sens du devoir et à son sens de la justice. Il envoya aussitôt son ordre royal de suspendre l'exécution de la sentence. La nouvelle de la situation effrayante de Marie lui était parvenue si peu de temps avant l'époque fixée pour sa mort, que le mandat royal ne fut remis au parlement de Rouen que le 26 juillet.

La vie de la jeune fille ne tenait plus qu'à un fil. Un accident arrivé au courrier, un retard dans l'accomplissement des fastidieuses formalités officielles propres à l'occasion, et l'exécution aurait pu suivre son cours. Les autorités de Rouen, estimant que l'intervention du roi impliquait un reproche à leur confirmation inconsidérée de la sentence de Caen, s'efforcèrent de se préparer pour l'avenir en enregistrant l'arrêté royal le jour même où elles le reçurent. Le lendemain matin, le 27, il fut envoyé à Caen ; et il parvint aux autorités le 28.

Ce vingt-huit juillet mil sept cent quatre-vingt-deux tombait un dimanche. De jour comme de nuit, la commande restait au bureau, non ouverte. Le dimanche était un jour férié et le procureur Revel n'était pas disposé à l'occuper ne serait-ce que cinq minutes pour accomplir son travail hebdomadaire.

Le lundi 29, la foule se rassembla pour assister à l'exécution. Le bûcher était dressé, les soldats appelés, le bourreau était prêt. Toute l'horreur préliminaire de la torture et de l'incendie a pu s'assombrir autour du misérable prisonnier, avant que les misérables en autorité jugent bon d'ouvrir le message de miséricorde et de le délivrer à la porte de la prison.

Elle était maintenant sauvée, comme par miracle, pour la deuxième fois ! Mais la porte de la cellule lui était toujours fermée. La seule chance de l'ouvrir jamais, le seul espoir d'affirmer publiquement son innocence, était d'en appeler à la justice du roi au moyen d'un exposé écrit de son cas, le présentant exactement tel qu'il était dans tous ses détails, depuis le début chez Madame. Duparc jusqu'au bout à la prison de Caen. La production d'un tel document s'est heurtée à des obstacles ; le principal d'entre eux étant la difficulté d'accéder aux volumineux comptes rendus des témoignages présentés au procès, qui n'étaient alors accessibles qu'aux personnes professionnellement liées aux tribunaux. Si le cas de Marie devait être soumis au roi, nul autre homme en France qu'un avocat ne pourrait assumer cette fonction avec la moindre chance de servir les intérêts du prisonnier et les intérêts de la vérité.

Dans cette situation honteuse, on trouva un homme pour plaider la cause de la jeune fille, dont la profession lui assurait le privilège d'examiner les preuves contre elle. Cet homme, un avocat nommé Lecauchois , non seulement se chargea de préparer un mémoire sur les archives du tribunal, mais encore se consacra à recueillir de l'argent pour Marie auprès de tous les habitants charitables de la ville. Il faut dire à son honneur qu'il a affronté honnêtement les difficultés de sa tâche et qu'il a complété avec zèle le document qu'il s'était engagé à fournir. D'un autre côté, il faut reconnaître à sa grande honte que ses motivations étaient intéressées partout, et qu'avec une méchanceté presque incroyable, il se payait pour l'emploi de son temps en mettant la plus grande partie de la somme qu'il avait recueillie pour son client. dans sa propre poche. Avec son unique amie, comme avec tous ses ennemis, il semble que Marie ait eu le dur sort de voir le pire côté de la nature humaine, à chaque fois qu'elle était mise en contact avec ses semblables.

Le mémoire plaidant pour la révision du procès de Marie fut envoyé à Paris. Un éminent avocat à la Cour des Requêtes en fit une requête dont la prière fut accordée par le Roi. Agissant sous l'ordre royal, les juges de la Cour des Requêtes se munirent des procès-verbaux tels qu'ils étaient dressés à Caen ; et après avoir examiné l'ensemble du cas, a décidé à l'unanimité qu'il y avait une raison bonne et suffisante pour la révision du procès. L'ordre en ce sens ne fut porté au parlement de Rouen que le vingt-quatre mai mil sept cent quatre-vingt-quatre, soit près de deux ans après que la miséricorde du roi eut sauvé Marie du bourreau. Qui peut dire avec quelle lenteur ce très long temps a dû s'écouler pour la pauvre fille qui croupissait encore dans sa prison ?

Le parlement de Rouen, se sentant responsable de ses débats devant une haute juridiction judiciaire , agissant sous l'autorité directe du roi lui-même, reconnut enfin, assez facilement, que les intérêts de sa propre réputation et les intérêts d'une justice rigide étaient désormais intimement liés ; et s'appliqua impartialement, en cette occasion au moins, à l'examen du cas de Marie.

Conséquence nécessaire de ce changement de cap, les autorités caennaises commencèrent, pour la première fois, à s'inquiéter sérieusement pour elles-mêmes. Si le parlement de Rouen traitait équitablement le prisonnier, il en résulterait certainement une dénonciation fatale de tout le parti. Dans ces circonstances, le procureur Revel et ses amis adressèrent une réquisition particulière aux autorités de Rouen, les conjurant de se rappeler que la respectabilité de leurs confrères professionnels était en jeu, et suggérant que l'établissement légal de l'innocence de Marie était l'erreur de tous les autres qui il fallait désormais l'éviter de toute urgence. Le parlement de Rouen était cependant beaucoup trop prudent, sinon trop honnête, pour s'engager dans une procédure aussi atroce qu'elle était ici clairement indiquée. Après avoir gagné le plus de temps possible en prolongeant au maximum leurs délibérations, les autorités ont décidé d'adopter une voie médiane, qui d'une part ne devait pas établir réellement l'innocence du prisonnier et, d'autre part, ne devait pas dénoncer publiquement le comportement honteux. du parquet de Caen. Leur arrêté, rendu seulement le 12 mars 1785, annula pour des raisons techniques la sentence du procureur Revel ; supprima la publication ultérieure du mémoire de Marie, qui avait été rédigé par l'avocat Lecauchois , comme diffamatoire envers M. Revel et Mme Duparc ; et a annoncé que la prisonnière avait reçu l'ordre de rester en détention jusqu'à ce que des informations plus détaillées puissent être recueillies sur la question douteuse de son innocence ou de sa culpabilité. Aucune information de ce type n'était susceptible de se présenter (surtout après que le seul récit existant sur l'affaire ait été supprimé) ; et l'effet pratique du décret fut donc de maintenir Marie en prison pour une durée indéterminée, après qu'elle eut été illégalement privée de liberté déjà du mois d'août mil sept cent quatre-vingt-un au mars mil sept cent quatre-vingt-cinq. . Qui dira que les classes respectables n'ont pas pris grand soin de leur respectabilité à la veille de la Révolution française !

Le seul espoir de Marie de recouvrer sa liberté et d'exposer ses ennemis sans scrupules à l'opprobre et au châtiment qu'ils méritaient amplement, consistait à attirer l'attention des plus hauts tribunaux de la capitale sur le décret cruel et rusé du parlement de Rouen. En conséquence, elle s'adressa une fois de plus au trône. Le roi renvoya le document à son conseil ; et le conseil rendit un arrêté soumettant le décret de Rouen à l'instruction finale du parlement de Paris.

Finalement, après plus de trois misérables années d'emprisonnement, la victime de Madame Duparc et du procureur Revel s'était frayé un chemin, à travers tous les obstacles de la loi et les subtilités de la fonction, jusqu'au siège du jugement de ce plus haut tribunal du monde. pays, qui avait le pouvoir final de mettre fin à ses longues souffrances et de rendre justice à ses adversaires de tous degrés. Le parlement de Paris allait maintenant évaluer le tort indicible qui lui avait été fait ; et la langue éloquente de l'un des premiers avocats de ce fameux barreau était de plaider ouvertement sa cause devant Dieu, le roi et le pays.

La plaidoirie de Monsieur Fournel (conseil de Marie) devant le parlement de Paris est restée enregistrée. Au début, il assume la position la plus élevée pour le prisonnier. Il décline toute intention de la libérer en soulevant les objections techniques évidentes aux condamnations illégales et irrégulières de Caen et de Rouen. Il insiste sur la nécessité de défendre son innocence légalement et moralement devant le monde, et d'obtenir la compensation la plus complète que la loi permet pour les blessures impitoyables que l'accusation initiale a infligées à son client. Conformément à ce dessein, il procède ensuite à l'examen des preuves du prétendu empoisonnement et du prétendu vol, étape par étape, soulignant dans les moindres détails les monstrueuses contradictions et invraisemblances qui ont déjà été brièvement indiquées dans ce récit. La voie ainsi suivie, avec une clarté et une habileté remarquables, conduit, comme le comprendront facilement tous ceux qui ont suivi les détails de l'affaire depuis le début, à un résultat très grave. Les arguments de la défense ne peuvent affirmer l'innocence de Marie sans faire reposer tout le poids des soupçons, dans l'affaire de la mort par empoisonnement de M. de Beaulieu, sur les épaules de sa maîtresse, Mme Duparc .

Il est nécessaire, pour préparer le lecteur à la clôture extraordinaire des débats, d'examiner cette question des soupçons dans quelques-uns de ses détails les plus frappants.

L'empoisonnement de M. de Beaulieu peut d'abord être accepté, compte tenu du témoignage médical, comme un fait prouvé. La question qui reste est de savoir si cet empoisonnement était accidentel ou prémédité. Dans les deux cas, les preuves pointent directement vers Madame Duparc et conduisent à la conclusion qu'elle a tenté de rejeter la responsabilité de l'empoisonnement (si accidentel) et la culpabilité (si préméditée) d'elle-même sur son serviteur.

Supposons que l'empoisonnement ait été accidentel. Supposons que l'arsenic ait été acheté pour un usage domestique légitime et qu'il ait été négligemment laissé dans l'une des salines, sur la commode – qui sale le pudding précipité ? Madame Duparc . Qui – en supposant que le dîner du lendemain contenait réellement une petite portion de poison, juste assez pour jurer – a préparé ce dîner ? Madame Duparc et sa fille, pendant que la servante dormait. Ayant causé la mort de son père, et ayant produit des symptômes de maladie chez elle et chez ses invités, par un effroyable accident, comment les preuves circonstancielles montrent-elles encore que Mme Duparc a essayé de rejeter la responsabilité de cet accident sur sa servante, avant d'ouvrir ouvertement accusé la fille d'empoisonnement ?

D'abord, madame Duparc est la seule du dîner qui attribue le malaise général au poison. Non-seulement elle le fait, mais elle indique la sorte de poison employé, et déclare dans la cuisine qu'il est brûlé, de manière à faire croire que le domestique, qui a enlevé les plats, a jeté une partie des aliments empoisonnés. sur le feu. Voici une certitude au sujet de l'arsenic dans l'esprit de madame Duparc , et une inférence à ce sujet, adressée à la servante par les lèvres de madame Duparc . En deuxième lieu, si l'on doit accorder une quelconque confiance à la preuve concernant la découverte d'arsenic sur ou autour de la personne de Marie, cette confiance doit être accordée au témoignage du chirurgien Hébert, qui a d'abord fouillé la jeune fille. Où trouve-t-il l'arsenic et la chapelure ? Dans les poches de Marie. Qui prête attention de la manière la plus inexplicablement officieuse à une bagatelle comme la robe de Marie, au moment le plus choquant et inapproprié, lorsque le père de Madame Duparc gît mort dans la maison ? Madame Duparc elle-même. Qui dit à Marie d'enlever ses poches du dimanche, et l'envoie dans sa propre chambre (dans laquelle elle n'est pas entrée pendant la nuit et qui a été ouverte à l'intrusion de quiconque dans la maison) pour nouer jusqu'aux poches dans lequel se trouve l'arsenic ? Madame Duparc . Qui a mis l'arsenic dans les poches ? Est-ce aller à une conclusion hâtive que de répondre encore une fois : Madame Duparc ?

Jusqu'à présent, nous avons supposé que la maîtresse avait tenté de rejeter la responsabilité d'un accident mortel sur les épaules de la servante. Les faits confirment-ils cette théorie, ou conduisent-ils à soupçonner que cette femme était un parricide et qu'elle avait tenté de faire porter sur la jeune paysanne sans amis la culpabilité de son horrible crime ?

Si l'empoisonnement du pudding hâtif (au début) était accidentel, le salage de celui-ci, par lequel l'empoisonnement s'est, selon toute apparence, produit, doit avoir fait partie de la cuisson habituelle du plat. Mais jusqu'à présent, Mme Duparc avait expressément averti sa servante de ne pas utiliser de sel ; et elle n'utilisait le sel (ou l'arsenic) qu'elle-même, après avoir posé une question qui impliquait une contradiction directe avec ses propres instructions, et dont elle ne cherchait aucunement à expliquer l'incohérence. Encore une fois, lorsque son père tomba malade, si Mme Duparc avait été seulement victime d'un accident, se serait-elle contentée d'un meilleur secours que celui d'un garçon d'apothicaire ? n'aurait-elle pas envoyé, à mesure que son père empirait, chercher la meilleure assistance médicale que la ville offrait ? Les faits montrent qu'elle a invoqué juste assez d'aide, à peine pour sauver les apparences, et pas plus. Les faits montrent qu'elle trahissait un souci singulier de voir le corps disposé le plus tôt possible après l'extinction de la vie. Les faits démontrent qu'elle a conservé un sang-froid contre nature le jour du décès. Ce sont des circonstances importantes. Ils parlent d'eux-mêmes, indépendamment du témoignage donné par la suite, dans lequel elle et son enfant se sont contredits sur le temps qui s'était écoulé lorsque le vieillard avait mangé son repas fatal, avant qu'il ne tombe malade. Ajoutez à ces faits graves la mystérieuse disparition de la maison du fils aîné, dont on ne s'est jamais rendu compte ; et la rumeur d'un poison acheté, qui n'a jamais fait l'objet d'une enquête. Considérez en outre si la tentative de sacrifier la vie d'une servante n'est pas plus conforme à la détermination impitoyable d'un criminel qu'à la terreur d'une femme innocente qui hésite à accepter la responsabilité d'un effroyable accident, et déterminez en même temps , si le préjudice infinitésimal causé par le dîner empoisonné peut très probablement être attribué à un heureux hasard, ou à un traitement prémédité de la vaisselle avec juste assez d'arsenic pour préserver les apparences et impliquer la servante sans trop blesser gravement la compagnie dont elle attendu. Donnez à toutes ces considérations sérieuses le poids qui leur revient ; puis revenez au jour de la mort de M. de Beaulieu : et dites si Mme Duparc a été victime d'un terrible accident, ou l'auteur d'un crime atroce !

Qu'elle soit l'une ou l'autre, et que, dans les deux cas, elle ait été l'initiatrice de l'ignoble complot contre son domestique que révèlent ces pages, telle était la conclusion à laquelle conduisait inévitablement la plaidoirie de M. Fournel en faveur de son client. Cette plaidoirie démontrait de manière satisfaisante l'innocence de Marie en matière d'empoisonnement et de vol, et sa juste demande d'obtenir la plus complète compensation légale pour le tort qui lui avait été infligé. Le vingt-trois mai mil sept cent quatre-vingt-six, le parlement de Paris rendit son décret la déchargeant du moindre soupçon de culpabilité, la libérant de sa longue détention et l'autorisant à intenter une action en dommages-intérêts contre le personne ou personnes qui l'avaient faussement accusée de meurtre et de vol. La vérité avait triomphé, et la pauvre servante avait enfin trouvé des lois pour la protéger.

Dans ces circonstances nouvelles, qu'est-il arrivé à Mme Duparc ? Qu'est-il arrivé au procureur Revel et à ses complices ? Qu'est-il arrivé aux autorités du parlement de Rouen ?

Rien.

Les grondements prémonitoires de ce grand tremblement de terre des nations que l'Histoire appelle la Révolution française commençaient déjà, à cette époque, à se faire entendre ; et tout scandale public qui touchait les classes aisées et supérieures comportait un risque social grave, dont aucun homme en France ne pouvait alors oser estimer l'importance. Si Marie revendiquait le privilège que le sens de la justice, ou plutôt le sens de la décence, avait forcé le parlement de Paris à lui concéder, — et, par l'intermédiaire de son avocat, elle le réclamait, — les conséquences de l' enquête judiciaire dont elle était l'objet Le cas où sa demande de dommages-intérêts impliquait nécessairement, serait probablement le procès de Mme Duparc , soit pour parricide, soit pour homicide par mésaventure ; le renvoi du procureur Revel des fonctions dont il avait honteusement abusé ; et la suspension de leurs fonctions des autorités de Caen et de Rouen, qui avaient perdu de diverses manières la confiance du public en l'aidant et en l'encourageant.

Il n'y avait donc là rien de moins en vue que la disgrâce d'une famille respectable et le déshonneur des plus hauts fonctionnaires judiciaires de deux villes de province importantes ! Et dans quel but cette dangereuse révélation devait-elle être faite ? Simplement pour rendre justice à la fille d'un simple journalier , illégalement condamnée à la torture et au bûcher, et illégalement incarcérée pendant près de cinq ans. Faire un sacrifice total de ses supérieurs, aussi méchants soient-ils, pour donner à une simple servante une compensation pour l'opprobre et la misère imméritées de nombreuses années, était un acte de justice trop absurde et trop suicidaire pour être réfléchi un instant. Ainsi, lorsque Marie s'est préparée à intenter son action en dommages-intérêts, les avocats ont uni leurs forces, dans l'intérêt de la société. Il a été jugé possible de la mettre hors cour immédiatement et pour toujours, en s'opposant techniquement à la procédure dans laquelle elle était demanderesse, dès le début. Ce moyen de fuite honteux, une fois découvert, les coupables persécuteurs de la jeune fille en profitèrent aussitôt. Elle a été formellement exclue du tribunal, sans possibilité de recours supplémentaire. Le procureur Revel et les autres autorités conservèrent leurs positions juridiques distinguées ; et la question de la culpabilité ou de l'innocence de Mme Duparc , dans l'affaire de la mort de son père, reste un mystère que personne ne peut résoudre à ce jour.

Après avoir enregistré cette fin scandaleuse de la procédure judiciaire, il est gratifiant de pouvoir conclure le récit des souffrances imméritées de Marie par une image de son au-delà qui laisse une impression agréable dans l'esprit.

Si la sympathie populaire, après la sortie de prison de la servante, pouvait la consoler de la dure mesure d'injustice dont elle avait souffert si longtemps et si inutilement, cette sympathie lui était maintenant offerte de tout cœur et sans limite. Elle est devenue un personnage assez public à Paris. Les gens la suivaient en foule partout où elle allait. Une souscription fut mise en place, ce qui, du moins pour le moment, lui assura une confortable indépendance. Des amis se levaient de toutes parts pour lui témoigner toute l'attention qu'ils pouvaient ; et la simple fille de la campagne, lorsqu'on l'emmenait visiter les curiosités de Paris, voyait effectivement son propre nom inscrit sur les affiches des forains, et sa présence annoncée comme la plus grande attraction qui puisse être offerte au public. Quand, avec le temps, toute cette agitation se fut dissipée, Marie se maria prospèrement et le gouvernement lui accorda l' autorisation d'ouvrir une boutique de vente de papiers timbrés. La dernière fois que nous entendons parler d'elle, c'est qu'elle était une épouse et une mère heureuse, et qu'elle accomplissait tous les devoirs de la vie de manière à justifier le profond intérêt que le peuple français avait universellement ressenti pour elle.

Son histoire est racontée ici, non seulement parce qu'elle semblait contenir certains éléments intéressants en soi, mais aussi parce que les faits qui la composent peuvent prétendre avoir une petite importance historique, car ils contribuent à révéler les corruptions insupportables de la société dans son pays. La France avant la Révolution. Il n'est peut-être pas inutile pour ceux dont le point de vue historique réduit obstinément sa portée au règne de la Terreur, de regarder un peu plus loin en arrière et de se rappeler que le difficile cas d'oppression ici relaté a été, pendant environ cent ans, le cas (avec des changements mineurs de circonstances) de la plupart des abandonnés contre les quelques puissants, partout en France – et ensuite de se demander s'il n'y avait pas une raison et une nécessité, une terrible dernière nécessité, pour la Révolution française. Cette Révolution a expié et expie encore ses excès par des échecs politiques que le monde entier peut constater. Mais le bien social qu'elle a incontestablement apporté demeure jusqu'à aujourd'hui. Prenons comme exemple l'administration de la justice en France à l'heure actuelle. Quels que soient ses défauts, aucune Française innocente ne pourrait être traitée, aujourd'hui, comme une Française innocente l'était autrefois à une époque aussi peu éloignée de notre époque que la fin du siècle dernier.

CROQUIS DE PERSONNAGE.-VI.
MES CÉLÈBRES.
[Présenté par un vieil homme innocent.]

Mes jeunes amis célibataires, suspendez quelques instants vos occupations ordinaires et écoutez-moi. Je suis un vieux monsieur bienveillant, résidant dans une petite ville de campagne, possédant une propriété confortable, une femme de ménage dévouée et de charmants animaux domestiques. Je n'ai pas de femme, pas d'enfants, pas de parents pauvres, pas de soucis et rien à faire. Je suis un vieil homme gentil, inoffensif et oisif ; et je veux vous parler en toute confiance, mes dignes jeunes amis célibataires.

J'ai une manie. Est-ce que cela permet d'économiser de l'argent ? Non. Bien vivre ? Pas de musique? Fumeur? La pêche à la ligne ? Poterie? Des photos? Non, non, non, rien d'égoïste. Ma manie est aussi aimable que moi : elle ne contemple rien de moins que le bonheur futur de toutes les dames célibataires que je connais. Je les appelle Mes vieilles filles ; et le seul objet industrieux de mon existence oisive est de les aider à s'établir dans une relation matrimoniale. Dans ma propre jeunesse, j'ai raté l'occasion de me marier, comme je l'ai toujours cru fermement, faute de rencontrer un vieux monsieur au cœur tendre comme moi pour m'aider à devenir la célibataire nécessaire. C'est peut-être cette réflexion qui, à l'origine, a conduit à la formation de la manie bienveillante qui m'habite aujourd'hui. Peut-être que l'oisiveté, une tournure d'esprit galante et le fait de vivre dans une petite ville de campagne y sont également pour quelque chose. Vous voyez, je ne recule devant rien. Je ne tente aucune tromperie sur le motif qui me porte à vous réunir. Je comparais devant vous sous la forme d'un agent matrimonial amateur ayant à disposer de quelques célibataires de choix ; et je peux attendre patiemment, mes jeunes amis célibataires et dynamiques, jusqu'à ce que je découvre que vous êtes prêts à me faire une offre.

Devons-nous passer immédiatement aux choses sérieuses ? Devons-nous essayer des Spinsters douces et sentimentales pour commencer ? Je tiens à éviter les erreurs dès le début, et je pense que la douceur et le sentiment sont peut-être les attractions les plus sûres pour commencer. Commençons par les six sœurs célibataires de mon ami M. Bettifer .

J'ai fait la connaissance, messieurs, de M. Bettifer dans nos salles de lecture locales, immédiatement après son arrivée dans mon quartier . C'est alors un très jeune homme, de santé délicate, avec une tendance à la mélancolie et un tour pour la métaphysique. Je profitai de son invitation dès qu'il eut la gentillesse de me demander de venir chez lui ; et j'ai trouvé qu'il vivait avec ses six sœurs, dans les circonstances agréables suivantes.

Le matin de ma visite, on m'a conduit dans une très longue pièce, avec un piano à une extrémité et un chevalet à l'autre. M. Bettifer était seul à son bureau lorsque j'entrai. Je m'excusai de l'avoir interrompu, mais il m'assura très poliment que ma présence agissait comme un soulagement inestimable pour son esprit, qui avait été mis à rude épreuve, pour employer son langage fort. — sur le support métaphysique toute la matinée. Il se frotta violemment le front en évoquant cette circonstance, et nous nous assîmes et nous regardâmes sérieusement , en silence. Bien que n'étant pas du tout un vieillard timide, je commençais néanmoins à me sentir un peu confus à ce moment de l'entretien.

"Je ne connais aucune question aussi embarrassante", commença M. Bettifer , pour commencer agréablement la conversation, "que la question sur laquelle j'ai été occupé ce matin - je me réfère au sujet de notre propre personnalité. Me voici, et voilà, disons deux personnalités. Sommes-nous une chose permanente, ou sommes-nous une chose passagère ? Voilà le problème, mon cher monsieur, que j'essaie en vain de résoudre depuis l'heure du petit déjeuner. Pouvez-vous (métaphysiquement parlant) ? être une seule et même personne, par exemple, pendant deux instants ensemble, est-ce que plus de deux instants successifs peuvent être un seul et même instant ? — Ma sœur Kitty.

La porte s'ouvrit alors que mon hôte exposait ce dilemme alarmant, et une grande jeune femme se glissa sereinement dans la pièce. Je me levai et m'inclinai. La grande jeune femme se laissa doucement tomber sur une chaise en face de moi. M. Bettifer poursuit :

" Vous pouvez me dire que notre substance change constamment. Je vous l'accorde ; mais me tirez-vous d'affaire ? Pas des moindres au monde. Car ce n'est pas de la substance, mais... Ma sœur Maria. "

La porte s'ouvrit à nouveau. Une deuxième grande jeune femme se glissa à l'intérieur et se laissa tomber sur une chaise à côté de sa sœur. M. Bettifer poursuit :

"Comme j'allais le remarquer, ce n'est pas la substance, mais la conscience, qui constitue la personnalité. Maintenant, quelle est la nature de la conscience ? — Mes sœurs Emily et Jane."

La porte s'ouvrit pour la troisième fois, et deux grandes demoiselles se glissèrent à l'intérieur et s'enfoncèrent dans deux chaises à côté de leurs deux sœurs. M. Bettifer poursuit :

"Je considère que la nature de la conscience ne peut pas être la même à deux moments donnés, ni par conséquent la personnalité qu'elle constitue. M'accordez-vous cela ?"

Perdu dans une perplexité métaphysique, je l'ai accordé directement. Au moment où je disais oui, la porte s'ouvrit à nouveau, une cinquième grande jeune femme se glissa à l'intérieur et contribua à allonger la charmante rangée formée par ses sœurs. M. Bettifer murmura de manière indicative : « Ma sœur Elizabeth » et nota ce que je lui avais accordé sur le manuscrit à ses côtés.

"Quel beau temps", dis-je pour changer la conversation.

"Beau!" répondirent cinq voix mélodieuses.

La porte s'ouvrit à nouveau.

"Beau en effet!" dit une sixième voix mélodieuse .

"Ma sœur Harriet", dit M. Bettifer , terminant sa note de mon aveu métaphysique.

Ils étaient tous assis dans une rangée fascinante. C'était comme être à une fête. Je me sentais mal à l'aise dans ma couleur pantalons - plus inconfortable encore, lorsque la sixième sœur de M. Bettifer la supplia de ne pas interrompre notre conversation précédente.

"Nous aimons tellement les sujets métaphysiques", a déclaré Miss Elizabeth.

"Sauf que nous les trouvons plutôt épuisants pour le cher Alfred", dit Miss Jane.

"Cher Alfred !" répétèrent les demoiselles Emily, Maria et Kitty en chœur mélodieux.

N'ayant pas un cœur de pierre, j'ai été si profondément touché, que j'aurais essayé de reprendre le sujet. Mais M. Bettifer agita la main avec impatience et déclara que mon aveu avait accru les difficultés de la question initiale jusqu'à ce qu'elles soient devenues tout à fait insurmontables. Je l'avais, semble-t-il, innocemment amené à la conclusion que notre moi présent n'était pas notre moi d'hier, mais un autre moi pris pour lui, qui, à son tour, n'avait aucun rapport avec le moi de demain. Comme cela semblait certainement plutôt insatisfaisant, j'ai convenu avec M. Bettifer que nous avions épuisé cette vision particulière du sujet et que nous ferions mieux de différer d'en commencer une autre jusqu'à une occasion future. Une pause embarrassante suivit notre renoncement à la métaphysique pour la journée. Miss Elizabeth a rompu le silence en me demandant si j'aimais les photos ; et avant que je puisse dire oui, Miss Harriet la suivit en me demandant si j'aimais la musique.

« Veux-tu montrer ta photo, chérie ? dit Miss Elizabeth à Miss Harriet.

"Veux-tu chanter, chérie ?" dit Miss Harriet à Miss Elizabeth.

"Fais-le, chérie!" » dirent Miss Jane et Emily à Miss Elizabeth.

"Fais-le, chérie!" » dirent Miss Maria et Kitty à Miss Harriet.

Il y avait une symétrie naïve et un équilibre d'affection dans tout ce que ces six créatures sensibles disaient et faisaient. La belle Elizabeth fut suivie jusqu'au fond de la pièce où se trouvait le piano, par Jane et Emily. La charmante Harriet était accompagnée en direction du chevalet par Maria et Kitty. Je suis d'abord allé voir la photo.

La scène était le fond de la mer ; et le sujet, Une sirène abandonnée. La moitié inférieure non sentimentale ou poissonneuse de la nymphe de la mer était adroitement cachée dans un bosquet de corail devant lequel elle était assise, dans une atmosphère d' eau bleue limpide. Elle avait de beaux et longs cheveux verts et versait ces larmes solides qu'on voit toujours sur les photos et jamais dans la vraie vie. Des groupes de poissons de compagnie tournaient autour d'elle, les yeux fixés sur leur malheureuse maîtresse. Une ligne en haut de l'image et une bande bleue au-dessus représentaient la surface de l'océan et le ciel ; la monotonie de cette partie de la composition étant astucieusement brisée par une galère dorée en retrait avec une voile violette, contenant le jeune pêcheur inconstant qui avait abandonné la sirène. J'avais à peine eu le temps de dire à quel point c'était un beau tableau, que Miss Maria mit son mouchoir devant ses yeux et, accablée par le caractère pathétique de la scène représentée, quitta précipitamment la pièce. Miss Kitty la suivit pour la soigner et la consoler ; et Miss Harriet, après avoir caché sa photo avec un soupir, la suivit pour aider Miss Kitty. Je commençai à me demander si je n'aurais pas dû sortir ensuite pour soutenir tous les trois ; mais M. Bettifer , qui était jusqu'alors resté en retrait, perdu dans des spéculations métaphysiques, s'avança pour me rappeler que la musique attendait ensuite de réclamer mon admiration.

"Excusez leur sensibilité excessive", dit-il. " J'ai fait de mon mieux pour les durcir et les rendre mondains ; mais cela ne sert à rien. Veux-tu venir au piano ? "

Miss Elizabeth commença immédiatement à chanter, avec les sylphes qui l'accompagnaient, Jane et Emily, de chaque côté d'elle, pour faire tourner la musique.

La chanson était une composition de ballade – musique et paroles de la charmante chanteuse elle-même. Une dame rêvait dans un ancien château ; un chien hurlait dans une cour en ruine ; une chouette hululait dans une forêt voisine ; un tyran marchait dans une salle résonnante ; et un page chantait parmi les fleurs au clair de lune. Cinq premiers versets. Pause — et lugubre symphonie au piano, en mode mineur. Ballade reprise : — La dame se réveille en poussant un cri. Le tyran charge son arquebuse . Le page fidèle, entendant le cri parmi les fleurs au clair de lune, s'avance vers le château. Le chien émet un aboiement d'avertissement. Le tyran tire un coup de feu fortuit dans l'obscurité. La page baigne dans son sang. La dame meurt d'un cœur brisé. Miss Jane est tellement affectée par la catastrophe que Miss Emily est obligée de la conduire hors de la pièce ; et Miss Elizabeth est si inquiète pour eux deux qu'elle est obligée de fermer le piano et de se précipiter après eux avec une bouteille odorante à la main. Conclusion de la représentation ; et sortie définitive des six Miss Bettifers .

Dites-vous, mes heureux jeunes amis célibataires, au nombre correspondant d'une demi-douzaine, avec vos offres prêtes sur vos langues et votre cœur ouvert à une tendre enquête, tandis que des circonstances favorables vous donnent encore une chance. Mes garçons, mes garçons enthousiastes, voulez-vous des joues pâles, des yeux limpides, des cous de cygne, des tailles basses, des formes hautes et pas d'argent ? C'est le cas, je le sais. Allez donc, jeunes enviables ! allez tendrement, partez immédiatement, allez par six à la fois, et tentez votre chance avec les Miss Bettifers !

Permettez-moi maintenant de faire appel à d'autres goûts, et peut-être à moins de goûts, en essayant un échantillon d'un nouveau type. Ce ne sera cette fois quelque chose ni de doux, ni de cédant, ni d'hystérique. Toi qui es d'accord avec le poète sur le fait que

Le discours peut vouloir un non animé,

Pour brosser la surface et la faire couler—

vous qui aimez que les filles aient leurs propres opinions et jouent leur rôle avec vivacité dans les échanges, faites-moi la faveur de m'approcher et permettez-moi de vous présenter les trois Miss Cruttwell . En même temps, messieurs, je dois vous informer, avec ma franchise habituelle , que ces vieilles filles sont petites, pointues et, parfois, criardes. Vous devez avoir un talent pour argumenter et un talent pour la définition instantanée, sinon vous trouverez les Miss Cruttwell trop pour vous et vous feriez mieux d'attendre mon prochain échantillon. Et pourtant, pour une certaine classe particulière de clientèle, ce sont des célibataires vraiment très choisies. Par exemple, tout homme de loi célibataire, qui voudrait garder l'esprit vif pour sa profession, par des disputes constantes, ne pourrait pas faire mieux que de s'adresser (aussi logiquement que possible) à l'une des Miss Cruttwell . Peut-être que mon célibataire en droit aura l'obligeance de m'accompagner lors d'un appel matinal ?

C'est par une belle journée de printemps, avec un air léger et beaucoup de nuages blancs et ronds survolant le ciel bleu, que nous rendons visite. On retrouve les trois demoiselles dans la salle du matin. Miss Martha Cruttwell aime les sujets statistiques et annote une brochure. Miss Barbara Cruttwell aime la géologie et remplit une armoire de morceaux de pierre certifiés. Miss Charlotte Cruttwell a un goût viril pour les chiens et allaite deux gros chiots sur ses genoux. Tous les trois ont le teint fleuri ; tous trois ont l'habitude de cligner des yeux sans cesse et de porter leurs cheveux très serrés et très éloignés de leur visage. Tous trois saluent le salut de mon jeune ami légal, d'une manière, ce qui peut lui paraître, très brève et très aiguë ; et s'abstenir modestement de l'aider en disant un mot pour entamer la conversation. Il est peut-être déraisonnablement déconcerté par cela et commence donc faiblement la conversation en disant que c'est une belle journée.

"Bien!" s'exclame Miss Martha en jetant un regard étonné à sa sœur. "Bien!" avec un regard perplexe envers mon jeune ami avocat. "Cher moi ! qu'entends-tu, maintenant, par beau jour ?"

"Nous disions simplement à quel point il faisait froid", explique Miss Barbara.

"Et comme c'est comme de la pluie", dit Miss Charlotte en regardant les nuages blancs à l'extérieur, qui cachent le soleil pendant quelques minutes.

"Mais qu'est-ce que tu veux dire, maintenant, par beau jour ?" persiste Miss Martha.

Mon jeune ami avocat est à ce moment-là mis en colère et répond avec une disponibilité professionnelle :

"En ce printemps incertain, ma définition d'une belle journée est un jour où vous ne ressentez pas le besoin de votre capote, de vos goloshes ou de votre parapluie."

" Oh non, " dit Miss Martha, " sûrement pas ! Du moins, cela ne me semble pas du tout être une définition d'une belle journée. Barbara ? Charlotte ? "

"Nous pensons qu'il est tout à fait impossible d'appeler une journée - quand le soleil ne brille pas - une belle journée", déclare Miss Barbara.

"Nous pensons que lorsqu'il y a des nuages dans le ciel, il y a toujours un risque de pluie ; et, lorsqu'il y a un risque de pluie, nous pensons qu'il est très extraordinaire de dire qu'il fait beau", ajoute Miss Charlotte.

Mon baccalauréat en droit aborde un autre sujet et retrouve sa faculté de définition impromptue exercée par les trois Miss Cruttwell , toujours de la même manière vive et contestataire. Il s'en va — comme je l'espère et j'en ai confiance — en pensant quelle excellente épouse d'avocat n'importe laquelle des trois jeunes dames ferait. S'il pouvait seulement être présent en esprit, après avoir quitté la demeure des Miss Cruttwell dans le corps, son admiration pour mes trois vieilles filles querelleuses serait, je pense, grandement accrue. Il découvrirait que, même s'ils pouvaient tous s'accorder par miracle en différant avec lui pendant qu'il était présent, leurs opinions commenceraient à varier dès que les sujets de conversation de leur visiteur seraient évoqués en son absence. Il les entendrait probablement, par exemple, reprendre le sujet du temps, à l'instant où la porte de la maison se serait refermée derrière lui, en ces termes :

« Savez-vous, entendrait-il dire Miss Martha, que je ne suis pas si sûr après tout, Charlotte, que vous ayez eu raison de dire qu'il ne pouvait pas faire beau, parce qu'il y avait des nuages dans le ciel ?

"Vous dites cela seulement", répondrait certainement Miss Charlotte, "parce que le soleil se trouve à l'instant, pendant une minute ou deux. S'il pleut dans une demi-heure, ce qui est plus que probable, qui aurait raison alors ? »

"A la réflexion", pourrait ensuite remarquer Miss Barbara, "je ne suis d'accord avec aucun de vous, et je conteste également l'opinion de monsieur qui vient de nous quitter. Ce n'est ni une belle ni une mauvaise journée."

"Mais ce doit être l'un ou l'autre."

"Non, ce n'est pas nécessaire. Ce sera peut-être une journée indifférente."

"Qu'entends-tu par journée indifférente ?"

Ainsi vont-elles, mes filles intelligentes, ces maîtresses dans l'art de l'escrime appliqué à la langue. Je n'ai pas présenté cet échantillon de ma collection comme susceptible de convenir à un grand nombre. Mais il y a des célibataires de constitution particulière dans ce monde ; et j'aime pouvoir montrer que mon assortiment de célibataires est suffisamment varié pour me permettre d'aborder même les excentricités de goût les plus alarmantes. Personne ne proposera-t-il pour cet échantillon controversé – pas même pour Miss Charlotte, une amoureuse des chiens, avec les deux gros chiots en plus ? Non? Otez les Miss Cruttwell et essayons ce que nous pouvons faire, en troisième et dernier lieu, avec les Miss Ducksey produites à leur place.

J'anticipe avec confiance une concurrence vive et un marché ouvert pour les célibataires sur le point d'être soumises à l'inspection. Vous avez déjà eu un échantillon sentimental, messieurs, et un échantillon contestataire. En proposant maintenant un échantillon domestique, je n'ai qu'un regret, c'est que mes célibataires en cette occasion soient malheureusement limitées au nombre de deux. J'aurais aimé en avoir une douzaine à produire avec la même texture intéressante et la même qualité irréprochable.

Le monde entier, messieurs, au moment où nous écrivons ces lignes, signifie, aux yeux des deux Miss Ducksey , papa, maman et frère George. On peut garantir que cet échantillon affectueux n'a jamais encore regardé au-delà de l'enceinte sacrée du cercle familial. Tous leurs innocents pouvoirs d'admiration et d'appréciation ont été jusqu'à présent limités aux frontières de leur foyer. Si Miss Violet Ducksey veut voir une jolie fille, elle regarde Miss Rose Ducksey , et vice versa ; si tous deux veulent contempler la dignité virile, la douceur maternelle et la beauté juvénile, tous deux regardent immédiatement papa, maman et frère George. J'ai été admis dans le cercle familial sans précédent dont je parle maintenant. J'ai vu, sans parler pour le moment, papa et maman, j'ai vu frère George rentrer du travail, s'asseoir au coin du feu et être accueilli par Miss Violet et Miss Rose, comme s'il venait de rentrer. , après avoir été signalé mort, depuis l'autre bout du monde. J'ai vu ces deux sœurs dévouées courir à travers la pièce, se disputant affectueusement qui devrait s'asseoir en premier sur les genoux de frère George. J'ai même vu tous deux s'asseoir ensemble sur lui, chacun se mettant à genoux, alors qu'il était arrivé une demi-heure plus tard que d'habitude au bureau. Je n'ai jamais vu leurs jolis bras se lasser de serrer le cou de frère George, je n'ai jamais entendu leurs lèvres roses cesser d'embrasser les joues de frère George, sauf lorsqu'ils étaient autrement occupés pour le moment à l'appeler « Cher ! » Sur la parole d' honneur d'un vieillard inoffensif et fanatique de vieille fille, je déclare que j'ai vu frère George se faire caresser à tel point par ses sœurs que, bien qu'il soit un jeune homme vigoureux et patient, il s'est endormi sous cet état de simple épuisement. . Même alors, j'ai observé Miss Rose et Miss Violet se disputant (dans les bras l'une de l'autre) qui devrait avoir le privilège de lui jeter son mouchoir sur le visage. Et ce touchant concours terminé, j'ai quitté la maison à une heure tardive, laissant Violette sur le sein de papa et Rose enlacée autour de la taille de maman. Beau! beau!

Est-ce que j'exagère ? Allez, jugez par vous-mêmes, mes amis célibataires. Allez, si vous voulez, rencontrer mon échantillon domestique lors d'un bal.

Mon célibataire est présenté à Miss Violet et prend place avec elle dans un quadrille. Il entame une conversation animée et trouve son attention vagabonde. Elle n'a pas entendu un mot de ce qu'il dit, et elle l'interrompt au milieu d'une phrase par une question qui n'a aucun rapport avec tout ce qu'il a proposé jusqu'ici en guise de remarque.

"Avez-vous déjà rencontré ma sœur Rose auparavant ?"

"Non, je n'ai pas eu l' honneur de..."

"Elle est là, à l'autre bout du fil, dans une robe bleue. Maintenant, dis-moi, n'est-elle pas charmante ?"

Mon célibataire fait la réponse qui s'impose et passe à un autre sujet. L'attention de Miss Violet s'égare à nouveau et elle pose une autre question brusque.

"Qu'as-tu pensé de maman, quand on te l'a présentée ?"

Mon ami célibataire fait une autre réponse nécessaire. Miss Violet, sans paraître du tout impressionnée, regarde au loin à la recherche de son parent maternel, puis s'adresse à nouveau à son compagnon :

" Ce n'est pas une chose agréable à avouer aux jeunes gens, " dit-elle avec la candeur la plus naïve , " mais je pense vraiment que maman est la plus belle femme de la pièce. Elle est là, en train de prendre une glace, à côté du vieille dame aux diamants. N'est-elle pas belle ? Savez-vous que, ce soir, lorsque nous nous habillons, Rose et moi l'avons suppliée et priée de ne pas porter de casquette. . Remettez cela à un an supplémentaire. Et maman dit avec sa douceur : « C'est absurde, mes amours ! Je suis une vieille femme, il faut vous habituer à cette idée, et il faut que je porte une casquette, mes chéris, en effet. Et nous avons dit : que pensez-vous que nous ayons dit ? »

(Une autre réponse nécessaire.)

« Nous avons dit : « Tu étudies les sentiments de papa, ma chérie, tu as peur d'être prise pour notre plus jeune sœur si tu te mets dans les cheveux, et c'est à cause de papa que tu portes une casquette. Maman sournoise ! été présenté à papa ? »

Plus tard dans la soirée, mon ami célibataire est présenté à Miss Rose. Il demande l' honneur de danser avec elle. Elle demande si c'est pour la valse, et entendant que c'est le cas, se recule et fait une révérence en s'excusant.

"Merci, je dois garder la valse pour mon frère George. Ma sœur et moi gardons toujours des valses pour notre frère George."

Mon célibataire recule. La danse continue. Il entend une voix douce derrière lui. C'est Miss Violet qui parle.

"Vous êtes un juge de valse ?" dit-elle sur le ton de la plus douce insinuation. "S'il vous plaît, regardez George et Rose. Non, merci : je ne danse jamais quand George et Rose valsent. C'est un bien plus grand plaisir pour moi de les regarder. Je les regarde toujours. En effet, je le fais."

Peut-être que mon célibataire ne fréquente pas les bals. Cela n'a aucune conséquence. Laissez-le dîner au restaurant ; qu'il rencontre mon échantillon domestique au conseil social ; et il ne verra que de nouveaux exemples de cet intérêt absolu les uns pour les autres, qui est la particularité remarquable de toute la famille Ducksey , et des jeunes dames en particulier. Il les verra s'admirer avec la même affection touchante et démonstrative devant les plats de la table qu'au milieu des dédales de la danse. Le vénérable M. Ducksey lui dira que George ne lui a jamais causé un instant d'inquiétude depuis l'heure de sa naissance. Il apprendra de Mme Ducksey que son seul regret dans cette vie est de ne jamais être assez reconnaissante envers ses filles. Et (pour en revenir aux jeunes dames, qui sont les principaux objets de ces remarques), il constatera, par quelques fragments de dialogue comme les suivants, qu'aucun sujet général de conversation, quel qu'il soit, n'a le pouvoir de séduire l'esprit des deux. Miss Duckseys de la contemplation de leurs propres intérêts domestiques et du souvenir fidèle de leurs propres amis particuliers.

C'est l'intervalle, disons, entre le retrait du poisson et l'apparition de la viande. L'homme le plus brillant de la société a parlé avec beaucoup de vivacité et d'effet ; s'est arrêté un moment pour rassembler ses idées avant de raconter l'une des bonnes histoires pour lesquelles il est célèbre ; et est sur le point de commencer, lorsque Miss Rose l'arrête et fait taire tous ses voisins en s'adressant avec inquiétude à sa sœur, qui est assise en face d'elle à table.

"Violet, ma chérie."

"Oui chérie."

(Un profond silence s'ensuit. Le plat suivant ne parvient pas à faire son apparition. Personne ne veut prendre de vin. Le brillant invité s'assoit dans son fauteuil, obstiné et sans voix. L'hôte et l'hôtesse se regardent nerveusement. Miss Rose continue avec le heureuse naïveté d'une enfant, comme si personne d'autre que sa sœur n'était présent.)

" Savez-vous que j'ai décidé de ce que je donnerai à Susan de maman quand elle sera mariée ? "

"Pas une robe en soie ? C'est mon cadeau."

« Que penses-tu, chérie, d'un médaillon avec nos cheveux dedans ?

"Doux."

(Le silence du tombeau tombe sur la table du dîner. L'hôte et l'hôtesse commencent à se fâcher. Les invités se regardent. Le deuxième plat persiste à ne pas entrer. Le brillant invité souffre d'une toux sèche. Mademoiselle Violet, à son tour, s'adresse à Miss Rose de l'autre côté de la table.)

"Rose, j'ai rencontré Ellen Davis aujourd'hui."

« A-t-elle des nouvelles de Clara ?

"Oui, l'oncle et la tante de Clara ne la laissent pas venir."

"Des gens ennuyeux ! Êtes-vous allé à Brompton ? Avez-vous vu Jane ? Faut-il compter sur Jane ?"

"Si le rhume de Jane s'améliore, elle et son odieux cousin viendront certainement. Oncle Frank, bien sûr, présente son excuse habituelle."

Ainsi les sœurs au cœur simple bavardent en public ; de même, ils transportent avec eux leurs propres affections et intérêts innocents dans la société qu'ils ornent ; de même, ils projettent le soleil éteint de leur jeune cœur sur les éclairs temporaires de la gaieté du monde et sur l'éclat éphémère de l'éloquence du dîner. Sans autre mot de recommandation préliminaire, je soumets en toute confiance les Miss Ducksey à une vive compétition publique. Je peux promettre aux deux heureux jeunes gens qui les courtiseront et les conquériront, bien des difficultés pour sevrer leurs affections du foyer familial, avec des pluies de larmes et des éclats d'angoisse poignants le jour du mariage. Tous les mariés correctement constitués se sentent, comme on m'a donné à comprendre, inexprimablement réconfortés et encouragés par la manifestation d'un violent chagrin de la part de la mariée lorsqu'elle commence son voyage nuptial. Et d'ailleurs, dans le cas particulier des Miss Ducksey , il y aurait toujours la ressource spéciale d'emmener frère George dans la voiture, comme palliatif sûr, pendant les premières étapes du voyage de noces.

RUE DRAMATIQUE DES GRUB . [D]
EXPLORÉ EN DEUX LETTRES.

LETTRE LA PREMIÈRE. DE M. LECTEUR À M. AUTEUR.

MON CHER MONSIEUR , je suis suffisamment instruit et suffisamment raffiné dans mes goûts et mes habitudes pour faire partie de la grande classe de personnes habituellement honorées par la courtoisie littéraire du titre de public intelligent. Dans l'intérêt de l'ordre auquel j'appartiens, j'ai une petite plainte à formuler contre les directeurs de nos théâtres, et une question à poser ensuite, que vous, homme de lettres, pourrez, j'en doute, à la fois et disposé à répondre.

Comme des milliers d'autres personnes, j'aime lire et aller au théâtre. En ce qui concerne mes lectures, je n'ai rien à redire, car la presse me fournit abondamment des poèmes anglais, des histoires, des biographies, des romans, des essais, des voyages, des critiques, toute la production moderne. Mais en ce qui concerne le théâtre, j'écris avec quelque chose qui ressemble à un sentiment de blessure, car personne ne me fournit une bonne pièce. Il existe aujourd'hui une véritable littérature vivante dans les bibliothèques anglaises. Pourquoi (je me demande s'il vous plaît) n'y a-t-il pas non plus de littérature vivante d'une sorte authentique dans le théâtre anglais d'aujourd'hui ?

Dis, je suis un Français, passionné par la littérature imaginative de mon pays, instruit dans tous les meilleurs spécimens, je veux dire le meilleur au point de vue littéraire, car je n'aborde pas maintenant les questions morales. Quand je fais taire Balzac, Victor Hugo, Dumas et Soulié et que je vais au théâtre, qu'est-ce que je trouve ? Balzac, Victor Hugo, Dumas et encore Soulié . Les hommes qui m'ont intéressé dans mon fauteuil, m'intéressent encore une fois dans mon stand. Des hommes qui savent vraiment inventer et observer pour le lecteur, inventer et observer aussi pour le spectateur. Quelle est la conséquence nécessaire ? Le niveau littéraire de la scène est élevé ; et le dramaturge de profession doit être un homme aussi intelligent, à sa manière, un aussi bon inventeur, un écrivain aussi correct que le romancier. Et qu'est-ce qui suit, dans mon cas, cette conséquence ? En clair, ceci : les directeurs de théâtre reçoivent mon argent la nuit, comme les éditeurs de livres le reçoivent le jour.

Les managers reçoivent-ils mon argent de moi en Angleterre ? En aucun cas. Car ils ne daignent presque jamais s'adresser à moi.

Je me lève après avoir lu les meilleures œuvres de nos meilleurs écrivains vivants et je vais au théâtre, ici. Qu'est ce que je vois? La pièce que j'ai déjà vue à Paris. Cela peut très bien faire à mon domestique, qui ne comprend pas le français, ou à mon commerçant, qui n'a jamais eu le temps d'aller à Paris, - mais ce n'est que *me montrer* une vieille figure en costume étranger, ce qui ne lui convient pas. comme son costume indigène. Mais peut-être notre divertissement dramatique n'est-il pas une pièce adaptée du drame français. C'est peut-être quelque chose d'anglais, un burlesque. Délicieux, je n'en doute pas, pour un jeune agriculteur rapide de la campagne, ou pour un clerc d'avocat convivial, qui n'a jamais lu qu'un journal de sa vie. Mais est-ce que cela *me* satisfait ? C'est le cas, si je veux aller voir le Drame satirisé . Mais je vais profiter d'une nouvelle pièce – et je suis récompensé en voyant toutes mes idées et tous mes personnages préférés dans une vieille pièce ridiculisés. Tout comme le drame adapté, c'est le genre de divertissement dont je ne *veux pas* .

Je lis chez moi de nombreuses histoires originales, de nombreux auteurs originaux, qui me ravissent. Je vais au théâtre, et j'ai naturellement envie d'histoires originales, d'auteurs originaux, qui m'y raviront aussi. Est-ce que j'obtiens ce que je demande ? Oui, si je veux revoir une vieille pièce. Mais si je veux une nouvelle pièce ? Eh bien, *alors* il me faut l'adaptation française, ou le Burlesque. L'éditeur peut comprendre qu'il y a parmi ses clients des personnes qui possèdent des goûts cultivés et peut les satisfaire en conséquence lorsqu'ils demandent quelque chose de nouveau. Le directeur, dans le même cas, ne reconnaît aucune différence entre moi et mon domestique. Mon valet de pied va voir les comédiens et se soucie peu de ce qu'ils jouent. Si mon goût n'est pas le sien, nous pouvons nous séparer à la porte du théâtre, il entre et je rentre chez moi. On peut dire : Pourquoi ne faut-il pas pourvoir à mes goûts de valet de pied ? Pour répondre à cette question, j'en poserai une autre : Pourquoi mon valet de pied n'a-t-il pas la chance d'améliorer son goût et de le rendre aussi bon que le mien ?

La situation entre les deux pays semble donc se présenter ainsi : — En France, les écrivains imaginatifs les plus éminents travaillent, bien entendu, pour la scène aussi bien que pour la table de la bibliothèque. En Angleterre, les écrivains les plus imaginatifs les plus éminents travaillent uniquement pour la table des bibliothèques. Quelle en est la raison ? À quoi attribuez-vous la honteuse pénurie actuelle de littérature de scène ? À la pénurie de bons acteurs ? — ou, sinon à cela, à quelle autre cause ?

D'une chose, je suis certain, c'est qu'il ne manque pas d'un public large et disposé pour les pièces originales anglaises, possédant une véritable valeur dramatique et faisant appel, aussi fortement que nos meilleurs romans, aux goûts, aux intérêts et aux sympathies. de notre époque. Vous, qui avez eu une certaine expérience du monde, savez aussi bien que moi qu'il existe dans ce pays une classe très nombreuse de personnes dont l'esprit n'est raidi par aucun scrupule puritain, dont la situation dans le monde est facile, dont le temps est à l'heure actuelle. à leur disposition, qui sont précisément ceux qui font un bon public et un public payant dans un théâtre, et qui pourtant ne ferment presque jamais les portes des théâtres plus de deux ou trois fois par an. Tu sais ça; et vous savez aussi que la négligence systématique du théâtre chez ces gens, leur a été imposée, en premier lieu, par le choc infligé à leur bon sens par les neuf dixièmes des divertissements dits nouveaux qui leur sont offerts. . Je ne parle pas ici des magnifiques reprises scéniques de pièces anciennes, pour lesquelles j'ai un grand respect, parce qu'elles offrent aux gens sensés le seul substitut décent à la véritable nouveauté dramatique qu'on puisse trouver à l'heure actuelle. Je veux parler des « nouveaux divertissements » qui sont, dans la grande majorité des cas, des divertissements de seconde main pour tout homme de théâtre qui connaît les écrivains français — ou des divertissements insupportablement grossiers pour tout homme qui a élevé son goût en se familiariser avec la meilleure littérature moderne de son propre pays. Que mon domestique, que mon petit commerçant, que les jeunes agriculteurs rapides et les clercs d'avocats soient tous satisfaits ! Mais sûrement, s'ils ont leur théâtre, moi et ma grande classe devrions aussi avoir notre théâtre ? Le jeune agriculteur rapide a ses dramaturges, tout comme il a ses romanciers dans les penny journaux. Nous avons, de notre côté, nos grands romanciers (dont le jeune fermier rapide ne lit pas les œuvres) ; pourquoi, je le demande encore une fois, n'avons-nous pas aussi nos grands dramaturges ?

Avec haute estime, vôtre, mon cher Monsieur,

Un lecteur .

Lettre la deuxième. De M. Auteur à M. Lecteur.

Mon cher Monsieur , je comprends parfaitement votre plainte et je pense pouvoir répondre à votre question. Ma réponse vous étonnera probablement un peu, car je veux dire avec audace la pure vérité. Le public devrait connaître l'état réel des choses, en ce qui concerne la position actuelle de la scène anglaise à l'égard de la littérature anglaise, car le public seul peut opérer la réforme nécessaire.

Vous demandez-vous si j'attribue la pénurie actuelle de littérature de scène au manque de bons acteurs ? Je réponds à cela par la négative. Quand la bonne littérature viendra, les bons acteurs viendront aussi là où on en a besoin. Dans de nombreuses branches de l'art théâtral, on n'en veut pas. Nous avons parmi nous aujourd'hui d'aussi bons acteurs vivants que jamais sur scène. Et nous aurions davantage si la littérature dramatique en réclamait davantage. C'est la littérature qui fait l'acteur, et non l'acteur qui fait la littérature. Je pourrais vous nommer des hommes, aujourd'hui sur scène, dont ils doivent entièrement l'avancement dans leur profession aux rares occasions que leur a offertes la parution occasionnelle d'une véritable bonne pièce de théâtre, des hommes dont le sens du pittoresque et du le naturel dans leur art restait en sommeil, jusqu'à ce que la plume de l'écrivain le réveille en action. Montrez-moi une école de dramaturges, et je vous montrerai bientôt après une école d'acteurs, aussi sûrement que l'effet suit la cause.

Vous avez parlé de la France. Je parlerai maintenant aussi de la France ; car la comparaison littéraire avec nos voisins s'applique aussi bien au point principal de ma lettre qu'elle l'était au point principal de la vôtre.

Supposons que je sois un romancier français. Si je suis un homme à succès, mon travail a une certaine valeur marchande chez l'éditeur. Jusqu'à présent, mon cas est le même si je suis un romancier anglais – mais là s'arrête l'analogie. En France, le directeur du théâtre peut rivaliser avec l'éditeur pour l'achat de toute idée nouvelle que j'ai à vendre. En France, la valeur marchande de ma nouvelle pièce est aussi élevée, voire supérieure, à la valeur marchande de mon nouveau roman. Rappelez-vous, je ne parle pas ici des théâtres français qui bénéficient de l'aide du gouvernement, mais des théâtres français qui dépendent, comme nos théâtres, entièrement du public. N'importe lequel de ces théâtres me donnera, je le répète, autant pour le travail de mon cerveau, pour lui, que l'éditeur donnera pour le travail de mon cerveau sur le sien. Or, c'est loin d'être le cas en Angleterre, que c'est un fait parfaitement connu de tout homme de lettres du pays, que, tandis que la rémunération de toutes les autres espèces de littérature a énormément augmenté au cours des cent dernières années, le la rémunération des écrits dramatiques a régulièrement diminué, jusqu'à un minimum de reconnaissance pécuniaire qui rend impossible à un homme qui vit de l'usage réussi de sa plume, en tant qu'écrivain de livres, de modifier la nature de sa pratique littéraire et de vivre , ou presque vivre, dans des circonstances confortables, par l'usage de sa plume, comme auteur de pièces de théâtre. Il est temps que ce fait soit généralement connu, afin de justifier les auteurs vivants à succès pour leur apparente négligence de l'une des branches les plus élevées de leur art. Je vous dis clairement que je ne pourrais écrire une pièce pour la scène anglaise — une pièce à succès, bien sûr — qu'en consentant à ce qui serait, dans mon cas et dans celui de tous mes frères à succès, une sérieuse somme pécuniaire. sacrifier.

Permettez-moi de vous faire comprendre à l'aide d'un ou deux exemples la médiocrité de la rémunération pour l'écriture théâtrale de nos jours, comparée à ce qu'était cette rémunération dans le passé. Il y a un peu plus de cent ans, le docteur Johnson a écrit une très mauvaise pièce intitulée Irene, qui s'est avérée un échec total en matière de représentation et qui a chancelé, plutôt que « couru », pendant neuf nuits seulement, dans des maisons misérables. Sans compter ses droits d'auteur littéraires de cent livres, le bénéfice dramatique du Docteur sur une pièce qui fut un échec - rappelez-vous cela ! - s'élevait à cent quatre-vingt-quinze livres, soit à peine quarante-cinq livres *de plus* que la rémunération actuellement versée, à mon avis. une certaine connaissance, pour bien des pièces de théâtre au cours des cinq dernières années, qui ont connu un succès de soixante et, dans certains cas, même de cent soirées !

J'imagine votre étonnement en lisant ceci, mais je peux aussi vous assurer que tout taux de rémunération plus élevé est exceptionnel. Permettez-moi toutefois de faire bénéficier les gestionnaires de l'exception. Quelquefois deux cents livres sterling ont été payées, au cours des cinq dernières années, pour une pièce de théâtre ; et, en une ou deux rares occasions, trois cents. Si Shakspere revenait à la vie et emmenait Macbeth dans un théâtre anglais, cette année 1863, ce serait la plus haute rémunération du marché qu'il pourrait obtenir pour cela. Vous devez comprendre que ce lamentable déclin des récompenses financières accordées à la littérature dramatique est particulier à notre époque. Sans remonter jusqu'à un siècle en arrière, sans remonter plus loin que l'époque de George Colman le jeune, je puis vous rappeler que la Comédie de John Bull a rapporté à l'auteur douze cents livres. Depuis lors, six ou sept cents livres ont été payées pour une nouvelle pièce ; et, plus tard encore, cinq cents livres. Nous sommes maintenant tombés à trois cents livres, comme exception, et à cent cinquante, comme règle. Je parle, rappelez-vous, de pièces en trois actes au moins, qui sont, ou sont censées être, originales, de pièces qui durent de soixante à cent soirées, et qui mettent leur pain (abondamment beurré des deux côtés) dans la bouche des acteurs et des managers. Quant à la rémunération des traductions ordinaires du français, je préfère ne pas préciser de quoi il s'agit. Et en effet, je n'ai pas besoin de le faire. Nous parlons de la scène dans sa relation actuelle avec la littérature anglaise. Supposons que j'écrive pour cela, comme certains de mes amis me le suggèrent ; et supposons que je puisse produire chaque année une pièce tout à fait originale, avec une histoire de ma seule invention, avec des personnages de ma seule création. Le revenu annuel maximum que me verserait la scène anglaise, aux prix actuels, après avoir épuisé mon cerveau à son service, serait de trois cents livres !

J'utilise à bon escient l'expression « épuiser mon cerveau ». Car un homme qui produit chaque année une nouvelle œuvre qui a une valeur réelle et qui est complète en tant qu'œuvre d'art littéraire, qu'il soit celui qu'il peut, pour un temps, épuise son cerveau par ce processus et le quitte douloureusement. ayant besoin d'une période de repos absolu. Trois cents livres par an, c'est donc le maximum qu'un auteur original fertile puisse espérer obtenir sur la scène anglaise, aux taux de rémunération actuels du marché.

Telle est aujourd'hui la situation de l'écrivain dramatique : un homme spécial, doté d'une faculté spéciale. Quelle est maintenant la situation de l'acteur dramatique, lorsqu'il se trouve être un homme spécial, doté également d'une faculté spéciale ? Son revenu est-il de trois cents par an ? Le revenu de son manager est-il de trois cents par an ? Les acteurs populaires de l'époque où Colman recevait ses douze cents livres seraient stupéfaits s'ils voyaient quels salaires touchent aujourd'hui leurs successeurs. Si la rémunération scénique a sordidement diminué à notre époque pour les auteurs, elle a magnifiquement augmenté pour les acteurs . Lorsqu'un directeur me dit maintenant que son théâtre ne peut pas se permettre de me payer mon idée sous la forme d'une pièce de théâtre autant que l'éditeur peut se permettre de me la payer sous la forme d'un roman, il veut vraiment dire que lui et son Les acteurs tirent désormais beaucoup plus des recettes nocturnes des théâtres qu'ils n'auraient jamais pensé en tirer du temps de John Bull. Lorsque les bénéfices des acteurs du théâtre augmentent considérablement, les bénéfices de quelqu'un d'autre dans le même théâtre doivent être diminués. C'est quelqu'un d'autre qui est l'auteur dramatique. Voilà le véritable secret de la vitesse moyenne à laquelle le stade anglais estime désormais l'aide de la littérature anglaise.

Il y a des gens dont il peut être intéressant de le nier ; et qui le niera. Ce n'est pas une question d'affirmation ou de déni, mais une question de chiffres. Combien par semaine un acteur populaire gagnait-il à l'époque de Colman ? Combien par semaine un acteur populaire gagne-t-il actuellement ? Les biographies des joueurs décédés répondront à la première question. Et les livres des managers, depuis dix ou quinze ans, répondront à la seconde. Je ne dois pas offenser les comparaisons entre hommes vivants et morts ; je ne dois pas entrer dans les détails, car cela me rapprocherait trop des affaires privées des autres. Mais je vous le répète, la rémunération du métier d'acteur a énormément augmenté, et la rémunération du métier d'écrivain dramatique a énormément diminué à notre époque ; et je ne crains pas que cette affirmation soit contredite par des preuves.

Il est inutile de tenter de défendre le système actuel en me disant qu'un autre système de rémunération de l'auteur dramatique a été adopté autrefois, et qu'un autre système est également pratiqué sur la scène française. Je ne discute pas du meilleur plan ou du pire. Je parle seulement du simple fait que l'estimation actuelle de l'auteur est barbarement basse - une estimation que les hommes qui avaient une quelconque valeur pour la littérature, une quelconque idée de son importance, une sympathie d'artiste pour ses grandes difficultés, et ses grandes réalisations, il aurait honte de le faire. Je prouve ce fait en me référant aux actes d'un passé meilleur et en faisant clairement appel à la valeur marchande de toutes sortes de littérature, hors scène, à l'heure actuelle ; et je laisse les moyens d'effectuer une réforme à ceux qui sont tenus par l'honneur commun et la justice commune de faire la réforme. Il ne m'appartient pas de réajuster la machinerie commerciale des théâtres ; Je ne m'assois pas au trésor et je ne m'occupe pas des ficelles des sacs d'argent. Je dis que le système actuel est un système de base en matière de littérature, et que l'histoire du passé et l'expérience du présent le prouvent. Tous les raisonnements du monde qui tentent de nous convaincre qu'un tort est nécessaire ne parviendront pas à prouver que ce tort est vrai.

L'existence de l'abus étant désormais établie, il est assez facile d'aborder les conséquences qui en ont découlé. Au vu du faible taux actuel de rémunération, un homme de talent gaspille ses forces s'il écrit pour la scène – à moins qu'il ne soit prêt à se mettre hors de la catégorie des auteurs, en devenant directeur et acteur, et en s'appropriant un théâtre. Il existe encore des hommes qui écrivent occasionnellement pour la scène, par amour et pour l' honneur de leur art. Une fois peut-être, dans deux ou trois ans, l'un de ces hommes dévoués tentera à lui seul de dissiper l'épais brouillard dramatique qui plane sur le théâtre et sur le public. Pendant le bref espace de temps imparti, la main qui travaille laisse entrer un peu de lumière, sans être remerciée par les acteurs, sans l'aide des critiques, inaperçue du public. Le temps expire, le brouillard se rassemble, la main qui travaille disparaît. Parfois, il revient une fois de plus courageusement à ce travail dur et désespéré : et parmi les centaines de personnes qu'il a tenté d'éclairer, il n'y en aura pas un seul qui soit assez reconnaissant pour le connaître à nouveau.

Ces hommes exceptionnels, trop peu nombreux, trop dispersés, trop sans importance personnelle dans la république des lettres pour avoir une influence forte et durable, ne sont pas les dramaturges de profession de notre temps. Ce ne sont pas ces écrivains qui gagnent ne serait-ce qu'un revenu de commis en dehors de la scène. Les quelques hommes doués de sens pratique qui écrivent aujourd'hui pour le Théâtre anglais sont des hommes du monde, qui savent qu'ils gaspillent leurs talents s'ils prennent la peine d'inventer, pour une rémunération moyenne de cent cinquante livres. Le Français bien payé leur fournit une histoire et des personnages tout faits . L'adaptation originale est lancée en une semaine : et l'auteur dramatique bat après tout le clerc, en gagnant bien plus d'argent pour beaucoup moins d'exercice manuel sous forme d'écriture. Au-dessous de cet habile tacticien, qui déjoue le théâtre avec ses propres armes, vient la masse des hackers, qui travaillent encore à moindre coût et donnent encore moins (je suis heureux de le dire) pour leur argent. Les résultats scéniques de ce type de paternité, comme vous l'avez déjà laissé entendre, chassent virtuellement les classes intelligentes du théâtre. Il y a un demi-siècle, la prospérité de la trésorerie du gérant en aurait souffert. Mais l'augmentation de la richesse et de la population, ainsi que la liaison ferroviaire entre Londres et le pays, font plus que compenser en quantité ce que le public a perdu en qualité. Non seulement le directeur ne perd rien en termes de profit, mais il gagne absolument à attirer chaque soir une vaste majorité dans son théâtre, dont rien ne peut choquer l'insensibilité ignorante. Qu'il jette devant eux les ordures qu'il veut, la bouche inconditionnelle de son auditoire ouverte, et s'en prend à elles. Je suis désolé et honteux d'écrire ainsi à propos d'une assemblée de mes propres compatriotes ; mais une grande expérience du théâtre m'oblige à avouer que j'écris la vérité. Si vous voulez savoir qui sont ces gens qui ne savent absolument rien, même par ouï-dire, des progrès de la littérature de leur temps, qui n'ont aperçu par hasard aucun vestige d'aucune des idées qui flottent sous leurs yeux, - qui sont, à toutes fins utiles et à toutes fins sociales, aussi en retard par rapport à l'âge dans lequel ils vivent, que peuvent l'être n'importe quelle personne sortie d'un asile d'aliénés - allez au théâtre et faites très attention, ce faisant, à choisir les plus spectacle populaire du jour. Les acteurs eux-mêmes, lorsqu'ils sont des hommes d'une certaine intelligence, se rendent parfaitement compte de l'incapacité totale du tribunal qui est censé les juger. Il n'y a pas si longtemps, un acteur, qui se trouvait à juste titre au premier rang de sa profession, jouait par hasard un rôle encore plus admirable que d'habitude dans un certain nouveau rôle. Le rencontrant peu de temps après, je lui ai offert mon éloge en toute sincérité. "Oui", fut sa réponse. "Je sais que je joue de mon mieux dans ce rôle, car je reçois à peine un applaudissement pendant toute la soirée." Telle est la condition à laquelle la pénurie de bonne littérature a réduit aujourd'hui le public des théâtres anglais, même aux yeux des hommes qui jouent devant eux.

Et comment y remédier ? Rien ne peut y remédier sinon un changement positif dans le public.

J'ai bon espoir que ce changement commence lentement, très lentement. "Quand les choses vont au pire, ils sont sûrs de s'améliorer." Je pense vraiment que, en matière dramatique, ils ont été au plus mal ; et j'ai donc une certaine conviction que le prochain tour de la roue de la Fortune pourrait être en notre faveur . Dans certains théâtres, il me semble déjà remarquer les symptômes d'un léger saupoudrage supplémentaire d'intelligence parmi le public. Si j'ai raison ; si cet aspersion augmente ; si les quelques personnes qui ont un cerveau dans la tête s'expriment avec audace ; si ceux qui sont aptes à diriger l'opinion de leurs voisins tentent résolument de la diriger, au lieu de s'envelopper indolemment dans leur propre mépris, alors il peut y avoir encore un avenir dramatique honorable en réserve pour les compatriotes de Shakspere . Peut-être vivrons-nous encore assez longtemps pour voir le jour où les managers seront obligés de rechercher les écrivains qui marquent réellement la littérature de leur époque – où les « prix de famine » auront cédé la place à une juste rémunération – et où les souffleurs aura sa part avec l'éditeur dans le meilleur ouvrage que pourront faire pour lui les meilleurs écrivains du temps.

Pendant ce temps, il y a un large public de gens intelligents, avec beaucoup d'argent en poches, qui attendent d'aller au théâtre. En supposant qu'un présage moral aussi étonnant apparaisse un jour dans le firmament anglais, en tant que spéculateur théâtral pouvant prétendre avoir une légère connaissance de la littérature contemporaine ; et en supposant que cet homme sans précédent soit frappé d'un désir soudain de vérifier quelle est réellement la circulation des publications en série et des romans à succès qui s'adressent aux classes instruites ; Je pense pouvoir prédire avec certitude les conséquences qui en découleraient, dès que notre manager idéal aurait reçu son information et se serait remis de son étonnement. Londres serait surprise, un beau matin, en découvrant l'ouverture d'un nouveau théâtre. Des noms qui ne sont désormais bien connus que sur les pages de titre apparaîtraient alors également sur les affiches des pièces de théâtre ; et des dizaines de milliers de lecteurs, qui franchissent aujourd'hui la porte du théâtre avec indifférence, deviendraient également des dizaines de milliers de spectateurs. Quel cri d'étonnement s'entendrait alors dans les lieux les plus reculés du vieux Londres théâtral ! " Ciel miséricordieux ! Il y a après tout un large public pour les pièces originales bien payées, ainsi que pour les livres originaux bien payés. Et il est enfin arrivé un homme de notre propre ordre de gestion, qui a absolument trouvé IT out!"

Avec toute ma considération, votre cher Monsieur,

UN AUTEUR .

PENSER OU ÊTRE PENSÉ ?

Si quelque chose que je peux dire ici, au sujet de l'art du peintre, encourage les gens intelligents de tout rang à faire la sourde oreille à tout ce que les critiques, les connaisseurs, les conférenciers et les rédacteurs de guides peuvent leur dire ; se fier entièrement à leur bon sens lorsqu'ils regardent des images ; et d'exprimer leurs opinions avec audace, sans la moindre référence à quelque précédent que ce soit, j'aurai exactement atteint le but avec lequel je m'applique maintenant à la rédaction de cet article.

Permettez-moi d'abord de demander, en ce qui concerne les images en général, ce qui empêche le public de juger par lui-même, et pourquoi l'influence de l'art en Angleterre est encore limitée à des cercles choisis, et encore insensible, comme le dit l'expression, par tous. mais les classes cultivées ? Pourquoi les gens veulent-ils consulter leurs guides avant de pouvoir se décider sur une vieille photo ? Pourquoi demandent-ils aux connaisseurs et amis professionnels un catalogue annoté, avant de s'aventurer dans les murs des salles d'exposition de Trafalgar Square ? Pourquoi, alors qu'ils sont, pour la plupart, toujours prêts à se dire sans réserve quels livres ils aiment ou quelles compositions musicales ils préfèrent , hésitent-ils dès que les images apparaissent comme sujet de conversation, et se retranchent- ils dubitatifs ? derrière des phrases aussi prudentes que : « Je ne prétends pas comprendre le sujet », « Je crois que tel tableau est très admiré », « Je ne suis pas un juge », etc. ?

Pas de juge ! Est-ce qu'une très bonne image veut que vous soyez juge ? Veut-il que vous ayez autre chose que des yeux dans la tête et la possession tranquille de vos sens ? Existe-t-il une autre branche de l'art intellectuel qui, de par sa nature même, s'adresse à tout être humain sain d'esprit, comme l'art de la peinture ? Le voilà, capable de représenter par un médium qui s'offre à vous de manière palpable, sous la forme d'autant de pieds de toile visibles, des faits humains réels et des aspects distincts de la nature, que la poésie ne peut que décrire, et que la musique ne peut qu'obscurément décrire. allusion à. L'art qui peut faire cela - et qui l'a fait à maintes reprises dans le passé et dans le présent - est sûrement de tous les arts celui qui nécessite le moins un cours de formation critique avant de pouvoir être abordé en termes familiers. Chaque fois que je vois un homme intelligent, ce qui se produit souvent, se tenir devant un tableau vraiment éloquent et vrai, et demander à son catalogue marqué, ou à son journal, ou à son guide, s'il peut l'admirer ou non en toute sécurité, je pense à un homme intelligent. un homme debout, clignant des yeux dans la pleine clarté d'un midi d'août sans nuages, et demandant avec déférence à un ami astronomique s'il a vraiment le droit de dire que le soleil brille !

Mais nous n'avons pas encore complètement abordé le principal obstacle qui empêche le public de juger les tableaux par lui-même, et qui, par une conséquence naturelle, limite l'influence de l'art sur la nation en général. Pour ma part, j'ai longtemps pensé, et je continuerai toujours à croire, que ce même obstacle n'est rien de plus ou de moins que la vanité de la critique, qui s'est dressée entre l'art et le peuple, qui les a séparés et qui les a séparés. les gardera séparés, jusqu'à ce qu'ils soient complètement retirés du chemin, et mis de côté immédiatement et pour toujours à leur place d'arrière-plan.

C'est une chose audacieuse à dire ; mais je crois pouvoir avancer quelques preuves que mon affirmation n'est pas tout à fait aussi farfelue qu'elle peut paraître à première vue. Par la vanité de la critique, je désire exprimer, en un mot, les lois et formules conventionnelles, les règles et réglementations faisant autorité que les hommes individuels établissent pour guider les goûts et influencer les opinions de leurs semblables. Quand la Critique ne parle pas dans un langage trop arbitraire, et quand les lois qu'elle fait sont ratifiées par le consentement et l'approbation des gens intelligents en général, j'ai pour elle autant de respect que quiconque. Mais lorsque la Critique est complètement à l'écart, elle exprime des opinions qui ne trouvent pas d'écho dans le cœur général, et mesure la grandeur du travail intellectuel par quoi plutôt que par sa puissance de faire appel à toutes les capacités d'admiration et de jouissance, depuis les plus hautes jusqu'aux plus hautes. très humblement, — alors, me semble-t-il, la critique devient l'expression de la vanité individuelle et perd toute prétention à la considération et au respect. A partir de ce moment, elle est Obstructive, car elle s'est installée fatalement entre l'Art de la Peinture et l'appréciation honnête et générale de cet Art par le Peuple.

Permettez-moi d'essayer de rendre cela encore plus clair par un exemple. Il ne fait aucun doute que de nombreuses critiques obstructives continuent de peser aussi étroitement que possible sur la poésie et la musique. Mais il existe néanmoins des exemples concrets , en relation avec ces deux arts, où la voix du critique et la voix du peuple sont du même côté. La tragédie d'Hamlet, par exemple, est considérée par la critique comme le chef-d'œuvre de la poésie dramatique ; et la tragédie d'Hamlet est aussi, selon le témoignage de toute sorte de directeur, la pièce, entre toutes les autres, sur laquelle on peut invariablement compter pour remplir un théâtre avec la plus grande certitude, la jouer quand et comme on veut. En musique également, le Don Giovanni de Mozart, qui fait l'admiration même du plus cruel pédant qu'on peut produire dans les rangs des connaisseurs musicaux, est aussi l'attraction populaire irrésistible qui ne manquera pas de remplir la fosse et la tribune de l'opéra. Voici en tout cas deux exemples dans lesquels deux grandes réalisations du passé en poésie et en musique sont considérées avec admiration par l'homme qui apprécie par instinct et par celui qui apprécie par règle.

Si nous appliquons le même test aux réalisations du passé en peinture, où trouverons-nous un exemple similaire de véritable concurrence entre le petit nombre chargé d'enseigner et le grand nombre censé apprendre ?

Je me mets dans la position d'un homme de capacité passable et d'éducation moyenne, qui travaille dans l'illusion fatale qu'il sera aidé à apprécier sincèrement les œuvres des maîtres anciens en demandant aux critiques et aux connaisseurs de se faire une opinion à sa place. Je suis naturellement envoyé en Italie. Un chœur général d'autorités savantes me dit que Michel-Ange et Raphaël sont les deux plus grands peintres qui aient jamais vécu ; et que les deux chefs-d'œuvre reconnus du plus haut art sont le Jugement dernier, dans la Chapelle Sixtine, et la Transfiguration, dans la galerie de peintures du Vatican. Ce ne sont pas seulement Lanzi et Vasari, ainsi que de nombreux sages ultérieurs qui suivent sans problème les mêmes sillons critiques, qui me donnent cette information. Même le plus grand portraitiste anglais, Sir Joshua Reynolds, chante régulièrement avec le chœur critique, note pour note. Lorsque l'expérience m'a rendu plus sage, je suis capable de déceler assez clairement dans les grands principes que Reynolds a adoptés dans ses Lectures on Art, la raison de son manque de succès notoire chaque fois qu'il essayait de s'élever du portrait vers les régions de la peinture historique. Mais à l'époque de mon innocence, je suis simplement perplexe et étonné lorsque j'arrive à un passage comme celui-ci dans la célèbre cinquième conférence de Sir Joshua, où il résume les mérites comparés de Michel-Ange et de Raphaël :

"Si l'on compare ces grands artistes les uns avec les autres (confère Sir Joshua), Raphaël avait plus de goût et de fantaisie, Michel-Ange plus de génie et d'imagination. L'un excellait en beauté, l'autre en énergie. Michel-Ange avait plus de génie et d'imagination. de l'inspiration poétique ; ses idées sont vastes et sublimes ; son peuple est un ordre supérieur d'êtres ; il n'y a rien en eux, rien dans l'air de leurs actions ou de leurs attitudes, ou dans le style et la forme de leurs membres ou de leurs traits, qui nous rappelle leur appartenance à notre propre espèce.

Ici, j'arrive assez clairement à ce que Sir Joshua considère comme le couronnement de l'excellence du grand art. C'est une grande preuve de la poésie et de la sublimité des tableaux de Michel-Ange que les personnages qui y sont représentés ne nous rappellent jamais notre propre espèce : ce qui semble équivaloir à dire que la représentation d'un homme créé à l'image de Michel-Ange est un spectacle plus grandiose. que la représentation d'un homme créé à l'image de Dieu. Je suis un peu abasourdi par ces principes de critique ; mais comme toutes les autorités savantes auxquelles je peux accéder semblent les avoir adoptées, je fais de mon mieux pour suivre l'exemple de mes professeurs, et je pars avec révérence pour Rome voir les deux œuvres d'art dont mes maîtres critiques me disent qu'elles sont les les images les plus sublimes que le monde ait jamais vues.

Je vais d'abord à la Chapelle Sixtine ; et, sur un grand mur bleu à une extrémité, je vois peint une confusion de personnages nus, aux corps noueux, s'étalant ou s'écroulant au-dessous d'un seul personnage, posté en haut au milieu, et menaçant apparemment le reste avec sa main. Si je demande à Lanzi , ou Vasari, ou à Sir Joshua Reynolds, ou à l'homme qui a compilé le Manuel de Murray pour l'Italie centrale, ou à toute autre autorité compétente, ce que peut être cette œuvre de peintre grotesquement surprenante, on me répond que c'est en fait destiné à représenter le spectacle inimaginablement horrible du Jugement dernier ! Et je suis en outre informé que, estimé par les tests critiques qui lui ont été appliqués par ces autorités compétentes, le tableau est déclaré comme un chef-d'œuvre de grandeur et de sublimité. Je décide d'examiner d'un peu plus près ce célèbre ouvrage et d'essayer si je peux en obtenir une estimation juste en employant des tests aussi simples et non critiques, comme cela sera le cas pour moi et pour tout le monde.

Voici une fresque qui aspire à représenter le plus impressionnant de tous les sujets chrétiens ; il est peint sur le mur d'une église chrétienne, par un homme appartenant à une communauté chrétienne : quelles preuves de sentiment religieux cela me montre-t-il ? Je regarde d'abord la partie inférieure de la composition et je vois : une combinaison de la notion orthodoxe du diable dans les crèches, avec l'idée païenne du transport vers les régions infernales, sous la forme d'un passeur à cornes et à queue donnant aux âmes condamnées un jeté sur une rivière! Plutôt bien, je pense, pour commencer.

Laissez-moi essayer de découvrir ensuite quelles preuves de capacité intellectuelle extraordinaire le tableau présente. Je lève maintenant les yeux vers le sommet, en guise de changement, et je trouve la conception de Michel-Ange de l'entrée d'un martyr dans le royaume des cieux, exposée devant moi sous la forme d'un homme écorché, présentant sa propre peau, comme un sorte de lettre de créance, à la figure hideuse à la main menaçante – que je n'identifierai pas, même par écrit, au nom de Notre Sauveur . Ailleurs, je ne vois que des distorsions contre nature et une confusion désespérée ; figures de combat, figures déchirantes, figures culbutantes, figures donnant des coups de pied ; et, pour couronner le tout, un portrait caricatural, avec une paire d'oreilles d'âne, d'un certain Messer Biagio de Sienne, qui eut le sens et le courage, lorsque le Jugement dernier fut montré pour la première fois achevé, de protester contre toutes les figures qui s'y trouvaient. peint tout nu !

Je vois de telles choses, et bien d'autres tout aussi absurdes, qu'il ne vaut pas la peine de mentionner. Toutes les autres personnes qui ont des yeux dans la tête les voient aussi. Ce sont de véritables questions de fait, et non des questions de goût discutables . Mais je n'ai pas, pour cette raison, le droit, ni aucune autre personne non critique, de dire un mot contre l'image. Cela peut outrager visiblement toutes les convenances religieuses du sujet ; mais alors, il est plein de « jolis raccourcis », et c'est pourquoi nous, les gens non critiques, devons tenir notre langue. Cela peut violer tout aussi clairement toutes les convenances intellectuelles, depuis l'écorché avec sa peau dans la main, en haut, jusqu'à messer Biagio de Sienne avec ses oreilles d'âne, en bas ; mais ensuite, il présente « des détails anatomiques magistral », et c'est pourquoi nous, spectateurs non critiques, devons tenir notre langue. Nous pouvons être frappés par le fait que, si l'on veut peindre des gens, comme dans ce tableau, sortant de leurs tombes dans leur propre corps comme ils ont vécu, il est sûrement important (sans parler de leur donner le bénéfice des linceuls). dans lequel ils ont été enterrés) pour les représenter comme ayant les proportions générales habituelles des êtres humains. Mais Sir Joshua Reynolds intervient d'un ton critique et nous dit que les figures sur le mur et le plafond de la Chapelle Sixtine sont sublimes, car elles ne nous rappellent pas notre propre espèce. Pourquoi ne devraient-ils pas nous rappeler notre propre espèce ? Parce qu'ils sont prophètes, sibylles, etc., s'indigne le chœur des critiques. Et quoi encore? Si j'avais été en relations intimes avec Jérémie, ou si j'avais été l'ancien roi à qui la sibylle apportait les livres mystérieux, mon ami dans un cas, et le messager dans l'autre, ne seraient-ils pas apparus devant moi portant l'habituel proportions et présentant l'apparence habituelle de ma propre espèce ? L'Histoire sacrée ne m'apprend-elle pas que le prophète était un homme, et l'Histoire profane ne décrit-elle pas la sibylle comme une Vieille Femme ? La vieillesse n'est-elle jamais vénérable et frappante dans la vie réelle ? — Mais je profère des hérésies. J'invoque mutineusement la raison et le bon sens pour m'aider à estimer un Maître Ancien. Cela ne suffira jamais : je ferais mieux de suivre l'exemple de tous les voyageurs que je vois autour de moi, en me détournant désespérément et en laissant le Jugement dernier aux critiques et aux connaisseurs.

Ayant ainsi découvert qu'un chef-d'œuvre du Grand Art ne s'adresse pas à moi, ni à la grande majorité que je représente, permettez-moi d'aller ensuite à la galerie de tableaux et de voir comment le deuxième chef-d'œuvre (la Transfiguration, de Raphaël) peut justifier sa magnifique réputation auprès des critiques et des connaisseurs. J'aborde ce tableau avec l'avantage de savoir d'avance que je dois y tenir compte de défauts mineurs, qui sont reconnus par les savants auteurs eux-mêmes. Je suis en effet prêt à être déçu, au départ, car j'ai été prêt à faire des concessions :

D'abord pour les défauts de couleur qui gâchent l'effet général du tableau sur le spectateur ; toutes les lumières étaient teintées de vert, et toutes les ombres étaient sombres et durcies de noir. On dit que ce mal a été causé par les astuces des nettoyeurs et restaurateurs français, qui ont si fatalement altéré toute la surface, que la coloration originale de Raphaël doit être considérée comme perdue. C'est une perte plutôt considérable, pour commencer ; mais ce n'est pas la faute de Raphaël. Par conséquent, cela ne déprécie en aucun cas l'image à mon avis.

Deuxièmement, je dois tenir compte de l'introduction de deux saints catholiques (Saint Julien et Saint Laurent), représentés par le peintre comme étant effectivement présents à la Transfiguration, afin de plaire au cardinal de Médicis, pour qui le tableau a été peint. C'est *la* faute de Raphaël. Cela le présente dans le caractère assez anormal d'un grand peintre sans respect pour son art. Après cela, j'ai quelques doutes à son sujet, doutes que mes amis critiques pourraient partager si Raphaël n'était qu'un peintre moderne.

Troisièmement, je dois tenir compte de la scène de la Transfiguration sur la haute montagne et de la scène de l'incapacité des disciples à guérir le garçon démoniaque, représentée sans la moindre division, l'un au sommet et l'autre au sommet. l'autre au fond de la même toile, les deux événements paraissant ainsi liés en se produisant au même endroit, à la vue l'un de l'autre, alors qu'on sait bien qu'ils n'étaient liés qu'en se produisant en même temps. Aussi, quand je vois certains des disciples peints en train de montrer la Transfiguration, la montagne elle-même étant le fond sur lequel ils se tiennent, je dois me souvenir (bien que tout le reste du tableau soit très absolument et sans broncher). littéral dans le traitement) qu'ici Raphaël a soudainement éclaté en allégorie et désire indiquer par les mains pointées des disciples qu'il est du devoir des affligés de se tourner vers le Ciel pour obtenir un soulagement dans leurs calamités. Après avoir fait toutes ces corrections assez importantes, je peux maintenant examiner impartialement la moitié supérieure de cette fameuse composition.

Je me retrouve bientôt à détourner à nouveau le regard. Il se peut que trois personnages vêtus de draperies gracieusement flottantes et dansant dans les airs à des distances symétriquement exactes les uns des autres, représentent un spectacle aussi surnaturel que la Transfiguration, à la satisfaction des grands juges de l'art. Je peux également imaginer que quelques personnes choisies soient capables de regarder le sommet de la haute montagne, telle que représentée sur l'image, sans sentir leur gravité le moins du monde mise en danger en voyant que l'horrible bosse de terre sur laquelle les disciples sont assis. couché prosterné, est à peine assez grand pour les retenir, et ne les tiendrait certainement pas s'ils se déplaçaient tous ensemble et d'un pas vif. Ce sont des choses de goût, sur lesquelles j'ai le malheur de différer avec les connaisseurs. Ne me sentant pas assez audacieux pour oser me défendre contre les maîtres qui m'apprennent à apprécier le grand art, je ne peux que détourner le regard de la partie supérieure du tableau et essayer si je peux tirer des impressions utiles ou agréables de la moitié inférieure du tableau. la composition, dans laquelle aucun événement surnaturel n'est représenté, et qu'il est donc parfaitement légitime de juger en la rapportant à l'étalon de la vérité dramatique, ou, en un mot, de la Nature.

Quant à cette partie de la photo, j'ai du mal à en croire mes yeux lorsque je la regarde pour la première fois. Hormis le visage convulsé du garçon et un certain empressement dur dans le regard de l'homme qui le tient, tous les autres visages affichent une inexpressivité pierreuse qui, quand je pense au grand nom de Raphaël en relation avec ce que je vois, , m'étonne assez. Je regarde mon guide avec incrédulité. Oui! il y a en effet l'autorité critique de Lanzi citée à mon intention. Lanzi me dit en termes clairs que je vois représentée dans le tableau devant moi « l'histoire la plus pathétique que Raphaël ait jamais conçue », et se réfère, pour preuve, à la « compassion manifestée par les apôtres ». Je les regarde tous attentivement et vois une assemblée d' hommes barbus aux traits durs, debout, assis et gesticulant, dans des attitudes académiques conventionnelles ; leurs visages n'expriment pas naturellement, n'affectant même pas d'exprimer artificiellement, la compassion pour le garçon qui souffre, l'humilité devant leur propre incapacité à le soulager, ou toute autre émotion humaine susceptible d'être suggérée par la situation dans laquelle ils se trouvent. Je trouve encore plus consternant de regarder ensuite la figure d'une femme musclée, tournant le dos au spectateur, implorant théâtralement l'aide des apôtres sur un genou, avec son profil classique insensible tourné dans une direction, et ses deux bras musclés. étendu dans l'autre; il est encore plus consternant de regarder un personnage tel que celui-ci, et ensuite d'entendre gravement Lanzi dire que je contemple « l'affliction d'une femme belle et intéressante ». J'observe, en entrant dans la salle où est placée la Transfiguration, comme j'ai déjà observé en entrant dans la Chapelle Sixtine, des groupes de spectateurs devant le tableau consultant leurs guides, regardant attentivement l'œuvre du Grand Art qu'on leur ordonne de visiter. admirez — s'efforçant de l'admirer — puis, le visage consterné, se regardant autour de eux, fermant leurs livres et se retirant du Grand Art avec désespoir. J'observe ces groupes un petit moment, et je finis par suivre leur exemple. Nous, membres du grand public, pouvons honnêtement admirer Hamlet et Don Giovanni, tout comme les critiques, mais les deux tableaux les plus sublimes (selon les savantes autorités) que le monde ait encore vu ne plaisent à aucun d'entre nous ; et nous les laissons complètement découragés au sujet de l'Art pour l'avenir. Dès lors, nous regardons les tableaux avec une méfiance fatale envers nous-mêmes. Certains d'entre nous prennent imprudemment nos opinions des autres ; certains d'entre nous gardent prudemment leurs opinions pour eux ;

et certains d'entre nous s'abstiennent par indolence d'avoir quoi que ce soit à voir avec une opinion.

Est-ce exagéré ? Ai-je déformé les faits dans l'exemple que j'ai cité de la critique obstructive de l'art et de ses effets décourageants sur l'esprit du public ? Laissez le lecteur sceptique juger par lui-même. Qu'il se réfère à toute autorité reconnue qui lui plaira, et il constatera que les deux tableaux sur lesquels j'ai écrit sont considérés, à ce jour, par la critique et officiellement, comme les deux chefs-d'œuvre de la plus haute école de peinture. Après avoir vérifié cela, qu'il se procure ensuite, si possible, une vue d'une gravure ou d'une petite copie de n'importe quelle partie de l'une ou l'autre image (il y a une copie de l'intégralité de la Transfiguration dans la galerie du Crystal Palace), et teste pratiquement le vérité de ce que j'ai dit. Ou, s'il ne choisit pas de prendre cette peine, qu'il demande à n'importe quel ami non professionnel et non critique qui a lui-même vu les images - et plus cet ami est intelligent et sans préjugés, mieux cela sera pour mon objectif - quel a été l'effet sur lui. du Jugement dernier ou de la Transfiguration. Si seulement je peux être assuré de la sincérité du témoin, je n'aurai pas peur du résultat de l'interrogatoire.

D'autres lecteurs qui ont visité la Chapelle Sixtine et la Galerie du Vatican peuvent témoigner eux-mêmes (mais peu d'entre eux le feront – je les connais !) si j'ai déformé ou non leurs impressions. À cette partie de mon auditoire, je n'ai rien à dire, sauf que je les prie de ne pas croire que je suis un hérétique par rapport à toutes les œuvres de tous les maîtres anciens, parce que j'ai parlé du Jugement dernier et de la Transfiguration. Je ne suis pas aveugle, je l'espère, aux mérites d'un tableau, à condition qu'il supporte une enquête honnête sur des principes non critiques. J'ai vu des œuvres si exceptionnelles, seules ou par deux, au milieu de plusieurs centaines de toiles absolument sans valeur, auxquelles étaient attachés des noms injustement célèbres, en Italie et ailleurs. Mon valet de place ne me les a pas signalés ; mon guide, qui critique selon l'autorité, ne m'a pas recommandé de les consulter, sauf dans des cas très rares en effet. Je les ai découverts par moi-même, et d'autres pourraient les découvrir aussi facilement que moi, s'ils voulaient seulement sortir leur esprit des ficelles lorsqu'ils entrent dans une galerie et défier hardiment un tableau de faire son devoir en expliquant ses propres mérites à sans l'assistance d'un interprète. Ayant donné ce simple reçu pour avoir découvert et apprécié de bonnes photos, je n'ai pas besoin d'en donner davantage. Cela ne fait pas partie de mon objectif de tenter d'imposer mes propres goûts et préférences aux autres. Je veux — s'il me est permis de répéter une fois de plus mes motivations dans les termes les plus clairs — faire tout ce que je peux pour ébranler l'influence de l'autorité en matière d'art, parce que je vois cette autorité se tenir tristement et obstinément à l'écart de toute sympathie populaire ; parce que je vois que cela sépare les images et les gens ; parce que je trouve qu'il érige en chefs-d'œuvre deux des pires œuvres parmi tant d'autres, manifestement mauvaises et barbares, des temps passés ; et enfin parce que je trouve qu'il achète des tableaux pour la National Gallery of England, pour lesquels, dans neuf cas sur dix, la nation n'a aucun souci ni souci, qui n'ont d'autre mérite que des mérites techniques, et qui n'ont pas le dernier et le plus bas mérite. recommandation de gagner l'approbation générale, même parmi les critiques et les connaisseurs eux-mêmes.

Et quel remède contre cela ? Je dis en fin de compte, comme je l'ai dit au début, que le remède est de juger par nous-mêmes et d'exprimer nos opinions, en privé et publiquement, en toute occasion possible, sans hésitation, sans compromis, sans référence à aucun précédent quel qu'il soit. L'opinion publique a remporté ses victoires dans d'autres domaines, et peut encore remporter sa victoire en matière d'art. Nous, le peuple, avons une galerie qui s'appelle la nôtre ; faisons de notre mieux pour le remplir à l'avenir d'images (peu importe quand ou par qui les a peintes), dont nous pourrons en tirer un plaisir honnête et en tirer profit. Au Parlement et hors du Parlement, avant et après le dîner, en présence des autorités aussi froidement que hors de la présence des autorités, disons clairement une fois pour toutes que le genre de grand art qui est prétendument acheté *pour nous* , et qui ne s'adresse en réalité qu'aux peintres, aux critiques et aux connaisseurs, n'est pas du tout le Grand Art, mais le plus bas des Bas : parce qu'il est le plus étroit quant à sa sphère d'action, et le moins fourni quant à c'est un moyen de faire le bien. On va choquer les connaisseurs (surtout les plus âgés) en suivant ce cours ; nous serons réprimandés avec indignation par les critiques et catégoriquement contredits par les conférenciers ; mais nous aurons aussi, tôt ou tard, une collection d'images achetées pour nous que nous, simple humanité, pouvons apprécier et comprendre. Il s'agit peut-être d'un sentiment révolutionnaire, mais je pense que la mise en œuvre de cette réforme (ainsi que de quelques autres) fait partie de l'affaire nationale que le peuple anglais doit accomplir pour lui-même et dans laquelle aucun gouvernement existant les autorités les assisteront. Il y a beaucoup de déchets sociaux qui s'accumulent autour de nous. Supposons, lorsque nous commencerons à remettre les choses en ordre, que nous essayions d'abord doucement le nouveau balai, en balayant un peu le Grand Art, et en ayant la témérité de nous forger notre propre opinion ?

Griefs sociaux.—IV.
SAUVEZ-MOI DE MES AMIS.

Il y a quelques jours, je me promenais dans une rue de l'ouest de Londres et j'ai rencontré un mendiant d'une espèce presque éteinte. Il y a quelques années, le mendiant oratoire, qui s'adressait au public de chaque côté du chemin, dans un discours soigné prononcé au milieu de la route, était presque aussi constant et régulier dans ses apparitions que le facteur lui-même. Mais depuis peu, ce personnage bien connu – ce bourreau Cicéron des temps modernes – a pratiquement disparu ; l'oreille facile du public étant probablement devenue un peu sourde, avec le temps, au pouvoir de persuasion d'orateurs n'ayant que deux sujets à illustrer : leurs vertus morales et leur dénuement physique.

Avec ces pensées en tête, je me suis arrêté pour regarder l'objet de charité rare et misérable que j'avais rencontré par hasard et pour écouter le discours qu'il prononçait au profit de la population des rues et des passagers des rues des deux côtés. du trottoir. C'était un vagabond grand, robuste, satisfait de lui-même, d'apparence saine, avec un visage qui eût été presque beau s'il n'avait pas été défiguré par l'expression que la nature donne, comme un tison, sur le visage d'un vulgaire imposteur. Quant à son style oratoire, je ne lui ferai pas l'injustice de me contenter de le décrire. Voici un spécimen, fidèlement rapporté au public, du discours original :

« Bons chrétiens, aurez-vous la complaisance de laisser de côté quelques instants seulement vos diverses occupations et d'écouter la déchirante déclaration d'un père de famille réduit à avouer ses malheurs sur la voie publique ? Travaillez, un travail honnête, c'est tout ce que je demande ; et je ne peux pas l'obtenir. Pourquoi ? — Je demande, très respectueusement, pourquoi ? Bons chrétiens, je pense que c'est parce que je n'ai pas d'amis, hélas ! et sept bébés sont, je suis choqué de vous le dire, sans nourriture. Oh, oui, sans nourriture. Parce que nous n'avons pas d'amis : je vous assure que j'ai raison de dire parce que nous n'avons pas d'amis. et ma femme et mes sept bébés mourant de faim dans un pays d'abondance ? Pourquoi n'ai-je pas part aux nécessités saines de la vie, que je vois, de mes yeux affamés, dans les boucheries et les boulangeries de chaque côté de moi ? donnez-moi une raison pour cela ? Je pense, bons chrétiens, personne ne le peut. Dois-je périr dans un pays d'abondance parce que je n'ai pas de travail et parce que je n'ai pas d'amis ? Je ne peux pas périr dans un pays d'abondance. Non, je ne peux pas périr dans un pays d'abondance. Oh non, je ne peux pas périr dans un pays d'abondance. Supportez mon importunité, s'il vous plaît, et écoutez ma déchirante déclaration. Je suis le père d'une famille affamée et je n'ai pas d'amis. »

Avec ce retour soigné au passage introductif de son discours, le mendiant fit une pause ; recueilli les gages pécuniaires de l'approbation publique ; et s'avança, avec une lenteur funèbre, pour délivrer une seconde édition de son discours dans une autre partie de la rue.

Pendant que je regardais cet homme, j'avais aussi été insensiblement amené à me comparer, debout sur le trottoir, avec mon vagabond oratoire, debout sur la chaussée. Sur certains points importants, j'ai constaté, à mon grand étonnement, que le résultat de la comparaison n'était en aucun cas flatteur pour moi. Je pourrais certainement supposer, sans me faire de compliments extraordinaires, que j'étais l' homme le plus honnête des deux ; aussi que j'étais mieux instruit et un peu mieux habillé. Mais ici ma supériorité a cessé. Le mendiant était bien en avance sur moi dans tous les signes extérieurs et visibles de confort mental intérieur qui se combinent pour former l'apparence d'un homme sainement constitué. Après m'être laissé perplexe, pendant un certain temps, dans la tentative de découvrir la raison de l'aspect enviablement prospère et satisfait de ce vagabond – qui apparaissait palpable à tout observateur averti, à travers son expression supposée de souffrance et de désespoir – j'en suis arrivé à la singulière conclusion que le secret de ses avantages personnels sur moi résidait dans la circonstance même sur laquelle il comptait principalement pour éveiller les sympathies du public charitable : la circonstance qu'il n'avait pas d'amis.

"Pas d'amis!" Je me suis répété en m'éloignant. "Vagabond heureux ! Voilà la vraie cause de votre supériorité sur moi : vous n'avez pas d'amis ! Mais cette merveilleuse affirmation peut-elle être vraie ? Cet homme enviable peut-il vraiment rentrer chez lui et retoucher son discours de demain, avec la certitude de ne pas être interrompu ? Je rentre chez moi pour finir un article, sans savoir si j'aurai cinq minutes libres pour moi, tout le temps que je serai au travail. Peut-il rapporter son argent dans son tiroir, en plein jour, et. je ne rencontre personne d'ailleurs qui lui dise : « Souviens-toi de notre ancienne amitié et prête-moi une bagatelle » ? J'ai de l'argent qui m'attend chez mon éditeur, et je n'ose aller le chercher qu'à la faveur de la nuit. Cet enfant de fortune gâté, dont je viens de me séparer, n'est-il vraiment jamais venu aux fêtes et obligé d'y aller. Il a un bouton à son habit - je suis sûr de l'avoir vu - et n'y a-t-il aucun humain ? un doigt et un pouce pour le tenir, et aucune langue humaine pour l'inquiéter, en même temps il ne vit pas au temps du pilori, et il a ses oreilles, l'heureux malheureux. Ces organes ont-ils réellement bénéficié de la bénédiction indescriptible de la liberté de l'intrusion de « conseils bien intentionnés » ? Peut-il écrire — et n'a-t-il pas de lettres à répondre ? Peut-il lire — et n'a-t-il pas de livre d'un ami cher à lire, que cela lui plaise ou non ? Pas étonnant qu'il ait l'air prospère et en bonne santé, même s'il vit dans un bidonville miteux, et que j'ai l'air maussade et pâle, même si je vis sur du gravier, dans un quartier aéré . Bonté divine!

ose-t-il parler de ses malheurs, alors qu'il n'a pas d'appels à passer ? Sybarite irrationnelle ! que veut-il ensuite, je me demande ? »

Ce sont des sentiments grincheux. Mais peut-être, comme il est de mode, de nos jours, d'avoir une vision invétérément sympathique de la société en général, mon accès actuel de misanthropie peut-il être pardonné, étant donné qu'il implique une certaine originalité accidentelle d'expression par rapport à sujets sociaux. C'est une chose épouvantable à dire ; mais c'est la triste vérité que je n'ai jamais encore pu apprécier l'avantage d'avoir un grand cercle de connaissances, et que je pourrais positivement me passer d'un grand nombre de mes plus chers amis.

Il y a par exemple mon Boisterous Friend, une créature excellente, qui est intime avec moi depuis l'enfance, et qui m'aime comme son frère. Je sais toujours quand il appelle, même si mon bureau est au sommet de la maison. Je l'entends dans le couloir, dès qu'on ouvre la porte, il est si chaleureux ; et, comme d'autres personnes chaleureuses, il a une voix si forte. J'ai dit à mon serviteur de dire que je suis engagé, ce qui signifie simplement que je travaille dur. "Cher vieux garçon !" J'entends mon Ami Boisterous s'exclamer, avec un rugissement génial, " en écrivant, comme d'habitude - hein, Susan ? Seigneur, vous bénisse ! il me connaît - il sait que je ne veux pas l'interrompre. En haut, bien sûr ? " Je connais mon chemin. Juste une minute, Susan, juste une minute. » La voix s'arrête et des pieds lourdement chaussés (tous les hommes bruyants portent des bottes épaisses) montent les escaliers, deux à deux. Ma porte s'ouvre comme à coups de bélier (aucun homme bruyant ne frappe jamais), et mon ami entre comme un taureau enragé. "Ha, ha, ha ! Je t'ai attrapé", dit l'associé de mon enfance. " Ne t'arrête pas pour moi, mon cher vieux ; je ne vais pas t'interrompre (béni soit mon âme, que d'écrits !) — et tu vas bien, hein ? C'est tout ce que je voulais savoir. Par George, c'est tout à fait rafraîchissant de vous voir ici former l'esprit du public ! Non, je ne m'arrêterai pas un instant ; je suis si heureux de vous avoir vu, mon cher, au revoir. À ce moment-là, sa voix affectueuse a de nouveau fait sonner la pièce ; il m'a serré la main, à sa manière fraternelle, jusqu'à ce que mes doigts soient trop douloureux pour tenir la plume ; et il a mis en fuite, pour le reste de la journée, toutes les idées que j'avais en me mettant au travail. Et pourtant (comme il me le dirait lui-même) il n'est pas resté dans la pièce depuis plus d'une minute – même s'il aurait très bien pu s'y arrêter pendant des heures, sans faire de mal supplémentaire. Puis-je vraiment me passer de lui ? Je ne nie pas qu'il me connaisse depuis le temps où j'étais en robe courte, et qu'il m'aime comme un frère. Néanmoins, je pourrais me passer – oui, je pourrais me passer – oh, oui, je pourrais me passer – de mon Ami Boisterous.

Encore une fois, il y a mon ami domestique, qui vient me rendre visite tard dans l'après-midi, lorsque j'ai accompli ma tâche quotidienne ; et quand une demi-heure tranquille et réparatrice seule, au-dessus du feu, m'est précieuse au-delà de toute puissance d'expression. Il y a mon ami domestique, qui vient me voir dans de tels moments, et qui n'a d'autre sujet de conversation que les maladies de sa femme et de ses enfants. Aucun effort que je puisse faire pour changer de sujet ne pourra me faire sortir de la portée de la chambre de malade familiale. Si je commence par parler de la météo, j'entraîne un récit poignant de son effet sur Mme Ricketts, ou sur le Maître et Miss Ricketts . Si j'essaie la politique ou la littérature, mon ami s'excuse de ne rien savoir des événements récents qui concernent les ministres ou les écrivains, en me racontant combien son temps a été pris par la maladie à la maison. Si j'essaie de me protéger en lui demandant de se rendre à une grande réception, où la conversation doit sûrement porter sur des sujets généraux, il amène sa femme avec lui (bien qu'il m'ait dit, lorsque je l'ai invitée, qu'elle était incapable de bouger d'elle). lit), et lui demande publiquement comment elle se sent, à certains intervalles ; il lançait cette question affectueuse à travers la table, aussi facilement que s'il tendait la salière ou qu'il se passait la bouteille. J'ai renoncé à me défendre contre lui ces derniers temps, par pur désespoir. Je suis résigné à mon sort. Bien que je ne sois pas un père de famille, j'en sais (grâce à la vaste gamme de faits en rapport avec le sujet, avec lesquels mon ami m'a favorisé) autant de choses sur les maladies des jeunes mères et de leurs enfants que le médecin lui-même. Est-ce qu'un autre homme non médical sait quand une demi-pinte d'eau-de-vie brute peut être versée dans la gorge d'une femme délicate et sensible, sans produire sur elle le moindre effet, sinon un effet réparateur ? Je sais quand cela peut être fait – quand cela doit être fait – quand, je vous donne ma parole sacrée d' honneur , l'exposition d'alcool en grande quantité peut sauver une vie précieuse – oui, monsieur, et peut-être deux. ! Peut-être que savoir ce que je sais maintenant sur des sujets aussi intéressants que ceux-ci pourrait s'avérer un ajout utile à mes réserves d'informations. Il se peut qu'il en soit ainsi, mais, bons chrétiens, il n'en est pas moins vrai que je pourrais aussi me passer de mon ami domestique.

Mes amis de campagne, je ne dois pas les oublier, et surtout mon hospitalière hôtesse, Lady Jinkinson , qui est à certains égards le type et le symbole de tout mon cercle de connaissances rurales.

Lady Jinkinson est la veuve d'un vaillant officier général. Elle a une charmante place à la campagne. Elle a aussi des fils qui sont de splendides garçons et des filles qui sont de charmantes filles. Elle a un goût cultivé pour la littérature – les charmantes filles aussi – et les hommes splendides non plus. Elle trouve qu'un peu d'attention aux hommes de lettres est très convenable chez les personnes distinguées ; et elle a la bonté de me demander de venir séjourner dans sa maison de campagne, où une chambre me sera spécialement réservée, et où je pourrai écrire mes « belles choses » dans un calme parfait, loin des bruits et des interruptions de Londres. Je vais à la campagne avec mon travail dans ma valise, travail qui doit être terminé à une certaine heure. Je trouve une charmante petite chambre préparée pour moi, ouvrant sur ma chambre à coucher et donnant sur le joli jardin-terrasse et les nobles arbres du parc au-delà. Je descends prendre le petit déjeuner le matin ; et après la deuxième tasse de thé. Je me lève pour regagner mon bureau. Un chœur de remontrances familiales s'élève instantanément. Oh, je ne vais sûrement pas commencer à écrire dès le premier jour. Regardez le soleil, écoutez les oiseaux, ressentez la douceur de l'air. Une promenade à la campagne, après la fumée de Londres, est absolument nécessaire : une route jusqu'à Shockley Bottom, un pique-nique (tellement agréable !), et un retour par Grimshawe's Folly (une telle vue du sommet !), et un appel, sur le chemin du retour, à l'Abbaye, cette belle vieille maison, où le cher Squire s'est fait lire à haute voix mon dernier livre (pensez-y seulement ! la dernière chose au monde à laquelle j'aurais pu m'attendre !) par mon chéri Emily et Matilda, qui meurent toutes les deux d'envie de me connaître. Possédé par un diable (d'imprimeur), je brise d'un ton bourru cette série de tentations de paresse et m'enfuis résolument.

"Déjeuner à une heure et demie", dit Lady Jinkinson alors que je me retire.

"Priez, ne m'attendez pas", je réponds.

"Déjeuner à une heure et demie", persiste Lady Jinkinson , comme si elle pensait que je ne l'avais pas entendue.

"Et des cigares dans la salle de billard", ajoute l'un des splendides gaillards.

— Et dans la serre aussi, continue une des charmantes jeunes filles, où votre horrible cigarette sert vraiment à quelque chose.

Je ferme la porte désespérément. Les derniers mots que j'entends sont de Lady Jinkinson . "Déjeuner à une heure et demie."

J'entre dans mon cabinet et fais l'inventaire suivant du contenu :

Table en bois marquetés rares, sur laquelle une goutte d'encre serait carrément une ruine. Encrier en argent de taille énorme, contenant environ un dé à coudre d'encre. Stylos clarifiés dans une boîte en papier mâché parfumée. Carnet de buvard doublé de soie moirée cramoisie, plein de papier à lettres violet et rose avec l'écusson Jinkinson estampé en argent au sommet de chaque feuille. Essuie-stylo, en tissu neuf et brillant, tout embrasé de perles ; coupe-papier en écaille de tortue; également presse-papier, présentant une vue du Colisée en mosaïque rare ; également, cône vert clair, en chandelier d'ébène ; cire dans une boîte parfumée ; allumettes dans une boîte parfumée ; un pot à crayons en or fin, sur lequel éclate une éruption de turquoise. Au total, environ deux cents livres sterling de biens de valeur, comme matériel de travail avec lequel j'écris.

J'enlève soigneusement tous les objets portables de la table marquetée - cherche autour de moi la chose la plus sans valeur que je puisse découvrir pour la jeter dessus, en cas d'éclaboussures d'encre, - ne trouve rien de sans valeur dans la pièce, sauf mon propre paletôt d'été , - prends En conséquence, faites-en un tissu, sortez mon vieux secrétaire, avec ma réserve de papier bon marché, et ma plume d'acier d'encre dans mon étui à deux sous. Avec ces matériaux devant moi sur mon paletôt (prix une guinée), je m'efforce de me persuader, en m'abstenant soigneusement de regarder autour de moi, que je suis plongé dans ma misère habituelle et soutenu par mon désordre naturel. Au bout d'un moment, je réussis mon effort et je commence à travailler.

Des oiseaux. Les poètes aiment tous les oiseaux. Peuvent-ils écrire, je me demande, quand leurs favoris chantent en chœur près de leur fenêtre ? Moi qui ne fais que de la prose, je trouve les oiseaux une nuisance. Les vaches aussi. Cette vache en particulier qui beugle si régulièrement est-elle un deuil à pleurer ? Je pense que nous aurons du veau pour le dîner aujourd'hui ; Je pense que nous aurons du bon veau et de la farce. Mais ce n'est pas là la réflexion dans laquelle je devrais m'engager. Laissons-moi sourd à ces bruits pastoraux (y compris l'affûtage de la faux du jardinier sur la pelouse), et poursuivons mon travail.

Tum-dum-tiddy-hidy-dum—tom-tom-tiddy-hiddy-tom—ti-trop-tidy-hidy-ti—ti-ti-ti-tum. Oui, oui, ce fameux morceau de ténor du Trovatore , joué avec un feu prodigieux sur le piano de la chambre du bas, par une des charmantes jeunes filles. J'aime le Trovatore (n'étant pas, heureusement pour moi, critique musical). Permettez-moi de m'adosser à ma chaise en cette douce matinée - écrire étant désormais clairement hors de question - et de flotter placidement sur le flot de la mélodie. Bravo ! Bravo ! Bravissima ! Elle parcourt tout l'opéra, tantôt dans une partie, tantôt dans une autre. Non, elle s'arrête après seulement une heure de pratique. Une voix l'appelle ; J'entends son rire sonore, en réponse : plus de piano, silence. Travaillez, travaillez, vous devez avoir terminé ! Oh, mes idées, mon seul fonds de commerce, reviennent heureusement à moi — ou, comme le célèbre Romain, j'ai perdu un jour.

Laissez-moi voir; où étais-je quand le Trovatore a commencé ? Au passage suivant, apparemment, car la phrase reste inachevée.

« *Plus nous avançons dans ce sujet intéressant, plus il y a de lumière* . » — Qu'avais-je à dire sur la lumière au début du Trovatore ? Était-ce « affluant sur nous » ? Non; rien de si banal que ça. J'avais sûrement une bonne et longue métaphore, et une belle ronde près de la phrase. "Plus il y a de lumière" — —brille ? des poutres ? éclate ? l'aube ? inondations? baignades? des frémissements ? Oh moi! quel était le prochain mot précieux que j'avais en tête, lorsque le Trovatore a pris possession de mon pauvre cerveau fou ? Il est inutile de le chercher. Rayez « plus de lumière » et essayez autre chose.

« Plus nous avançons dans ce sujet intéressant, plus nous trouvons prodiguement dispersés devant nous les joyaux de la vérité qui viennent si rarement nous voir maintenant. »

"Donc, tu viens rarement nous voir maintenant ?" Pitié pour moi, qu'est-ce que je fais ? Terminer ma malheureuse phrase en notant machinalement quelques mots polis, prononcés par la voix mélodieuse d'une des charmantes filles de la terrasse-jardin sous ma fenêtre. Qu'est-ce que j'entends dans une voix d'homme ? « Regret d'être si longtemps absent, mais mes écoles et mes pauvres » — Oh, un jeune clerc visiteur ; Je le connais à sa façon de parler. Tous les jeunes ecclésiastiques parlent de la même manière : qui leur enseigne, je me demande ? Laisse-moi regarder par la fenêtre.

J'ai raison. C'est un jeune ecclésiastique : pas de moustaches, des cheveux apostoliques, un sourire maladif, une longue redingote, un brin de mousseline autour du cou et un gilet noir canonique sans fente pour exposer du linge profane. La charmante jeune fille le dévore respectueusement des yeux. Vont-ils discuter le matin sous ma fenêtre ? De toute évidence, ils le sont. C'est agréable. Chaque mot de leur petit bavardage sentimental, fluide, incessant, entre dans ma chambre. Si je leur demande de ne plus entendre, je suis impoli. Si je vais à la fenêtre et que j'annonce ma présence par une toux, je confonds la charmante jeune fille. Rien d'autre que de reposer le stylo et d'attendre. C'est un changement pour le pire, avec vengeance. Le Trovatore était quelque chose d'agréable à écouter ; mais les opinions du révérend gentleman sur la terrasse fleurissent qu'il est venu admirer ; sur le dernier volume de poésie moderne qu'il a emprunté à la charmante jeune fille ; sur les mérites du système ecclésial aux âges de la foi et sur les difficultés auxquelles il a dû faire face dans son école infantile, sont, dans l'ensemble, plutôt fastidieux à écouter. Et c'est dans cette maison que je suis entré avec la conviction qu'elle m'offrirait le luxe d'un calme parfait pour y travailler ! Et en bas des escaliers est assise Lady Jinkinson , croyant fermement qu'elle m'a donné une telle opportunité de me distinguer avec ma plume, comme je n'en ai jamais eu auparavant de toute ma vie ! Patience, patience.

Une demi-heure; trois quarts d'heure. Est-ce que je l'entends prendre congé ? Oui, enfin. Stylo encore ; papier à nouveau. Où étais-je?

« Plus nous avançons dans cet intéressant sujet, plus nous trouvons prodiguement dispersés devant nous les joyaux de la vérité qui « -

Qu'allais-je dire que faisaient les joyaux de la vérité, lorsque le jeune ecclésiastique et la charmante jeune fille commençaient leur entretien sentimental sur la terrasse ? Parti, complètement disparu. Rayez les joyaux de la vérité et essayez une autre méthode.

" *Plus nous approfondissons ce sujet intéressant, plus ses vastes possibilités s'accroissent* "——

On frappe à la porte.

"Oui."

"Sa Dame souhaite que je vous dise, monsieur, que le déjeuner est prêt."

"Très bien."

" *Plus nous approfondissons ce sujet intéressant, plus ses vastes capacités se manifestent clairement à nos yeux. L'esprit, en effet, peut difficilement être déclaré compétent* " ——

On frappe à la porte.

"Oui."

"Sa Dame souhaite que je vous rappelle, monsieur, que le déjeuner est prêt."

"S'il vous plait, suppliez Lady Jinkinson de ne pas m'attendre."

" *L'esprit, en effet, peut difficilement être déclaré compétent pour examiner le champ d'observation étendu* " ——

On frappe à la porte.

"Oui."

omelette de moine vient d'arriver, qu'elle désire beaucoup que vous goûtiez. Et elle a peur qu'elle refroidisse, à moins que vous n'ayez la bonté de le faire. descendez immédiatement.

"Dis, je viendrai directement."

" *L'esprit, en effet, peut difficilement être déclaré compétent pour examiner le champ d'observation étendu, qui* " - lequel ? - lequel ? - disparu ! À quoi d'autre pouvais-je m'attendre ? La littérature a une belle chance dans cette maison contre le déjeuner.

Je descends dans la salle à manger et on me dit poliment que j'ai l'air d'avoir accompli une merveilleuse matinée de travail. "J'ose dire que vous n'avez pas écrit dans un calme aussi parfait depuis des mois ?" dit Lady Jinkinson en m'aidant à préparer l' omelette du frère . Je commence par cette délicatesse : là où je finis, c'est plus que ce que mes souvenirs me permettent de dire. Tout le monde me nourrit, sous l'impression que je suis épuisé d'écrire. Tous les braves gens boiront du vin avec moi, « pour me relancer ». Personne ne croit à mon affirmation triste selon laquelle je n'ai rien fait, qu'ils attribuent à une modestie excessive. Quand nous nous levons de table (opération qui s'effectue avec une extrême difficulté, pour ma part), on me dit que la voiture sera prête dans une heure. Lady Jinkinson n'entendra aucune objection.

"Non non!" elle dit. "Je ne vous ai pas demandé de vous surmener. Je ne peux vraiment pas permettre cela."

Je rentre dans ma chambre, avec une tension extraordinaire dans mon gilet, et avec de légers symptômes d'une détermination de Sherry à la tête. Dans ces circonstances, un retour immédiat au travail n'est pas envisageable. Retourner au lit est de loin la procédure la plus sage. Je m'allonge pour ranger mes idées. N'ayant personne à arranger, je m'abandonne à la nature et m'endors.

Quand je me réveille, ma tête est à nouveau claire. J'arrive maintenant à la fin de ce passage sur « le champ d'observation étendu » ; et je me dirige vers ma table de bonne humeur. Au moment où je m'assois, on frappe à nouveau à la porte. La voiture est prête. La calèche ! J'avais tout oublié. Il n'y a cependant aucun moyen d'y échapper. Les heures doivent me céder la place, quand je suis chez moi ; Je dois céder aux heures, quand je suis chez Lady Jinkinson . Mes papiers sont bientôt mélangés dans mon cas ; et je suis de nouveau uni à la fête hospitalière en bas. « D'autres idées brillantes ? crient les dames d'un ton interrogatif tandis que je prends place dans la voiture. "Pas le moindre vestige", je réponds. Lady Jinkinson secoue son ombrelle avec reproche. "Mon cher ami, tu as toujours été d'une modestie absurde en parlant de toi; et, sais-tu, je pense que cela te prend à coeur."

Nous revenons à temps pour nous habiller pour le dîner. Après le dîner, il y a la soirée sociale, et plus encore Trovatore . Après cela, cigares avec les splendides camarades de la salle de billard. Je regarde ma journée de travail, avec le calme du désespoir, quand je me couche enfin. Cela fait quatre phrases et demie ; dont chaque ligne est parfaitement sans valeur comme composition littéraire.

Le lendemain matin, je me lève avant que le reste de la famille ne soit levé, je laisse un mot d'excuses sur ma table et je prends le train de bonne heure pour Londres. C'est un comportement très ingrat envers les personnes qui m'ont traité avec une extrême gentillesse. Mais là encore, je dois avouer la dure vérité. Les exigences de mon entreprise dans la vie sont impératives ; et, c'est triste à dire, ils m'obligent absolument à me passer de Lady Jinkinson .

J'ai maintenant avoué assez longuement mes sentiments misanthropes ; mais je n'en ai pas encore fini avec le nombre de mes chers amis dont je pourrais me passer. Sans parler de mon ami qui m'emprunte de l'argent (une nuisance évidente), il y a mon ami satisfait de lui-même, qui ne peut parler que de lui-même et de ses succès dans la vie ; il y a mon ami inattentif, qui me pose perpétuellement des questions hors de propos, et qui n'a aucun pouvoir d'écouter mes réponses ; il y a mon ami accidentel, que je rencontre toujours quand je sors ; il y a mon hospitalier ami, qui me dit sans cesse qu'il a tellement envie de m'inviter à dîner, et qui ne me l'invite jamais vraiment, par hasard. Tous mes intimes collaborateurs sont des personnes au caractère fondamentalement irréprochable et aux positions bien définies dans le monde ; et pourtant ma nature est si mal constituée, que je n'exagère pas quand j'avoue que je pourrais positivement me passer de chacun d'eux.

Pour aller un peu plus loin, maintenant que j'ai commencé à soulager mon esprit...

Un double coup à la porte de la rue arrête brusquement ma plume. Je ne me plains pas, car, à mon grand étonnement, je remplis ces pages depuis trois heures, dans mon salon après le dîner, sans interruption. Une voix connue dans le couloir me frappe l'oreille, s'enquérant pour moi d'une affaire très particulière, et demandant au domestique de noter son nom. Le domestique apparaît à ma porte, et je me décide à envoyer ces feuilles à l'imprimeur, si inachevées soient-elles. Pas besoin, Susan, de mentionner ce nom ; J'ai reconnu la voix. C'est mon ami qui n'aime pas du tout mon état de santé. Il vient, je le sais d'avance, avec l'adresse d'un nouveau médecin, ou la recette d'un nouveau remède ; et il restera des heures, me persuadant que je vais mal. Impossible de lui échapper, comme je le sais par expérience. Eh bien, j'ai fait mes aveux et je me suis rassuré. Que mon ami qui n'aime pas mon état de santé termine, pour le moment, la liste des amis chers dont je pourrais me passer. Faites-lui entrer, Susan, faites-lui entrer.

CAS QUI valent la peine d'être examinés.—III.
LE CHAUDRON D'HUILE.

A environ une lieue de France de la ville de Toulouse, il y a un village appelé Croix- Daurade . Dans l'histoire militaire de l'Angleterre, ce lieu est associé à une célèbre charge du XVIIIe hussard, qui réunissait deux colonnes séparées de l'armée britannique, la veille du duc de Wellington livrant la bataille de Toulouse. Dans l'histoire criminelle de France, le village est mémorable comme le théâtre d'un crime audacieux, découvert et puni dans des circonstances suffisamment remarquables pour mériter d'être conservé sous la forme d'un récit simple.

I. LES PERSONNAGES DU DRAME.

En l'an mille sept cents, le curé résident du village de Croix- Daurade était Monsieur Pierre- Célestin. Chaubard . C'était un homme sans énergie ni capacité extraordinaires, simple dans ses habitudes et sociable dans son caractère. Son caractère était irréprochable ; il était strictement consciencieux dans l'exercice de ses fonctions ; et il était universellement respecté et aimé de tous ses paroissiens.

Parmi les membres de son troupeau, il y avait une famille nommée Siadoux . Le chef de famille, Saturnin Siadoux , était établi depuis longtemps à la Croix- Daurade comme huilier. A l'époque des événements que nous allons raconter, il avait atteint l'âge de soixante ans et était veuf. Sa famille était composée de cinq enfants : trois jeunes hommes qui l'aidaient dans l'entreprise et deux filles. Son parent vivant le plus proche était sa sœur, la veuve Mirailhe .

La veuve résidait principalement à Toulouse. Son séjour dans cette ville était principalement consacré à liquider les affaires de son défunt mari, qui étaient restées instables pendant une période considérable après sa mort, en raison de retards dans la réalisation de certaines sommes d'argent dues à son représentant. La veuve avait été très bien pourvu – elle était encore une femme jolie et jolie – et plus d'un citoyen toulousain notable s'était montré soucieux de la persuader de se marier une seconde fois. Mais la veuve Mirailhe vivait dans une grande intimité et affection avec son frère Siadoux et sa famille ; elle leur était sincèrement attachée, et ne voulait sincèrement pas, à son âge, priver ses neveux et nièces, par un second mariage, de l'héritage, ou même d'une partie de l'héritage, qui leur reviendrait à sa mort. Animée par ces motifs, elle ferma résolument ses portes à tous les prétendants qui tentaient de lui faire leur cour, à l'exception d'un maître-boucher de Toulouse, qui se nommait Cantegrel .

Cet homme était un voisin de la veuve et s'était rendu utile en l'aidant dans les complications commerciales qui pesaient encore sur la réalisation de la succession de son défunt mari. La préférence qu'elle montrait pour le maître boucher était jusqu'ici de nature purement négative. Elle ne lui a donné aucun encouragement absolu ; elle ne voulait pas admettre un seul instant qu'il y avait la moindre chance qu'elle l'épouse un jour - mais, en même temps, elle continuait à recevoir ses visites, et elle ne montrait aucune disposition à restreindre les relations de bon voisinage entre eux, pour l'avenir. dans des limites purement formelles. Dans ces circonstances, Saturnin Siadoux commença à s'alarmer et à penser qu'il était temps de se remuer. Il n'avait aucune connaissance personnelle de Cantegrel, qui ne visitait jamais le village ; et M. Chaubard (à qui il aurait pu autrement demander conseil) n'était pas en mesure de donner un avis : le curé et le maître boucher ne se connaissaient même pas de vue. Dans cette difficulté, Siadoux songea à s'enquérir en privé à Toulouse, dans l'espoir de découvrir quelques passages scandaleux dans la jeunesse de Cantegrel, qui pourraient le dégrader fatalement dans l'estime de la veuve Mirailhe . L'enquête, comme d'habitude en pareil cas, donna lieu à de nombreuses rumeurs et rapports, dont la plupart remontaient à une époque de la vie du boucher où il résidait dans l'ancienne ville de Narbonne. L'un de ces bruits , surtout, était d'une nature si grave, que Siadoux résolut d'en vérifier personnellement la vérité ou la fausseté en se rendant à Narbonne. Il a gardé son intention secrète non seulement envers sa sœur et ses filles, mais aussi envers ses fils ; c'étaient des hommes jeunes, pas trop patients dans leur caractère – et il doutait de leur discrétion. Ainsi, personne ne connaissait son véritable objectif, à part lui-même, lorsqu'il a quitté la maison.

Son arrivée à Narbonne fut notifiée par une lettre adressée à sa famille. La lettre ne donnait aucun détail sur sa mission secrète : elle informait simplement ses enfants du jour où ils pourraient l'attendre et de certaines dispositions sociales qu'il souhaitait voir prises pour l'accueillir à son retour. Il se proposa, en rentrant chez lui, de rester deux jours à Castelnaudry , dans le but de rendre visite à un vieil ami qui y était établi. Selon ce plan, son retour à la Croix- Daurade serait différé jusqu'au mardi 26 avril, date à laquelle sa famille pourrait espérer le voir vers le coucher du soleil, à l'heure du souper. Il désirait en outre qu'un petit groupe d'amis soit invité au repas, pour célébrer le 26 avril (qui était fête dans le village), ainsi que pour célébrer son retour. Les invités qu'il voulait qu'on conviât étaient d'abord sa sœur ; deuxièmement, M. Chaubard , dont l'agréable caractère faisait de lui un hôte bienvenu à toutes les fêtes de village ; troisièmement et quatrièmement, deux voisins , hommes d'affaires comme lui, avec lesquels il vivait dans la plus amicale intimité. C'était la fête ; et la famille de Siadoux se souciait particulièrement, à mesure que le moment approchait, de donner un souper digne des convives, qui avaient tous montré la plus grande empressement à accepter leurs invitations.

Telle était la situation domestique, telle était la perspective familiale, au matin du 26 avril, jour mémorable, des années après, dans le village de la Croix-Daurade .

II. LES ÉVÉNEMENTS DE LA JOURNÉE.

Outre la curation de l'église du village, le bon Monsieur Chaubard détenait quelques petits privilèges ecclésiastiques dans l'église cathédrale Saint-Étienne de Toulouse. Au début de la matinée du 26, certaines affaires liées à cette promotion le conduisirent de sa cure de village à la ville, distance qui a déjà été décrite comme n'étant pas supérieure à une lieue française, ou entre deux et trois milles anglais.

Après avoir réglé ses affaires, M. Chaubard se sépara de ses confrères clercs, qui le laissèrent seul dans la sacristie (ou sacristie) de l'église. Avant d'avoir quitté la chambre, à son tour, le bedeau y entra et demanda l' abbé de Mariotte , un des officiants attachés à la cathédrale.

"L' abbé vient de sortir", répondit M. Chaubard . "Qui le veut ?"

"Un homme d'apparence respectable", dit le bedeau. "J'ai pensé qu'il semblait être dans une certaine détresse mentale lorsqu'il m'a parlé."

"A-t-il parlé de ses affaires avec l' abbé ?"

"Oui, monsieur; il s'est dit désireux de faire ses aveux immédiatement."

- Dans ce cas, dit M. Chaubard , je pourrai lui être utile en l' absence de l'abbé , car j'ai autorité pour agir ici comme confesseur. Entrons dans l'église et voyons si cette personne se sent disposée à accepter mon prestations de service."

Lorsqu'ils entrèrent dans l'église, ils trouvèrent l'homme marchant d'avant en arrière d'une manière agitée et désordonnée. Ses regards évoquaient si fortement quelque grave trouble mental, que M. Chaubard ne trouva pas facile de conserver son sang-froid, lorsqu'il s'adressa pour la première fois à l'étranger.

" Je regrette, commença-t-il, que l' abbé de Mariotte ne soit pas là pour vous offrir ses services... "

"Je veux faire ma confession", dit l'homme en regardant autour de lui d'un air absent, comme si les paroles du prêtre n'avaient pas attiré son attention.

"Vous pouvez le faire tout de suite, s'il vous plaît", dit M. Chaubard . " Je suis attaché à cette église, et je possède l'autorité nécessaire pour y recevoir des confessions. Peut-être pourtant connaissez-vous personnellement l' abbé de Mariotte ? Peut-être préféreriez-vous attendre... "

"Non!" » dit l'homme brutalement. "Je préfèrerais l'avouer à un étranger."

"En ce cas," répondit M. Chaubard , "veuillez bien me suivre."

Il nous conduisit au confessionnal. Le bedeau, dont la curiosité était excitée, attendit un peu et s'occupa d'eux. En quelques minutes, il vit brusquement tirés les rideaux qui servaient parfois à cacher le visage de l'officiant. Le pénitent s'agenouilla, le dos tourné à l'église. Il n'y avait littéralement rien à voir, mais le bedeau attendait néanmoins, dans l'attente de la fin.

Après un long laps de temps, le rideau fut tiré et le prêtre et le pénitent quittèrent le confessionnal.

Le changement que cet intervalle avait opéré chez M. Chaubard était si extraordinaire, que l'attention du bedeau fut entièrement détournée, dans l'intérêt de l'observer, de l'homme qui avait fait l'aveu. Il ne remarqua pas par quelle porte l'étranger sortait de l'église : ses yeux étaient fixés sur M. Chaubard . Le visage naturellement rougeâtre du prêtre était aussi blanc que s'il venait de se relever d'une longue maladie - il regardait droit devant lui avec un regard de terreur - et il quitta l'église aussi précipitamment que s'il eût été un homme s'évadant de prison ; il le quitta sans un mot d'adieu ni un regard d'adieu, bien qu'il se distinguât par sa courtoisie envers ses inférieurs dans toutes les occasions ordinaires.

"Le bon monsieur Chaubard a entendu plus que ce qu'il avait prévu", dit le bedeau en revenant vers le confessionnal vide, avec un intérêt qu'il n'y avait jamais éprouvé jusqu'alors.

La journée s'est déroulée comme d'habitude dans le calme dans le village de la Croix- Daurade . A l'heure dite, la table du souper fut dressée pour les invités dans la maison de Saturnin. Siadoux . La veuve Mirailhe et les deux voisins arrivèrent un peu avant le coucher du soleil. M. Chaubard , qui était d'habitude ponctuel, ne se présenta pas parmi eux ; et quand les filles de Saturnin Siadoux regardait par les fenêtres supérieures, ils ne voyaient sur la grande route aucun signe du retour de leur père.

Le coucher du soleil arriva — et toujours ni Siadoux ni le curé ne parurent. Le petit groupe attendait autour de la table et attendait en vain. Bientôt, un message fut envoyé de la cuisine, indiquant que le souper devait être mangé sur-le-champ, ou être gâté ; et l'entreprise a commencé à débattre des deux alternatives : attendre ou ne pas attendre plus longtemps.

« Je crois, dit la veuve Mirailhe , que mon frère ne rentrera pas ce soir. Quand M. Chaubard nous rejoindra, nous ferons mieux de nous mettre à table pour souper.

« Un accident peut-il arriver à mon père ? » demanda anxieusement l'une des deux filles.

"Dieu pardonne!" dit la veuve.

"Dieu pardonne!" répétèrent les deux voisins en regardant avec attente la table du souper vide.

"Cela a été une journée misérable pour voyager", a déclaré Louis, le fils aîné.

"Il a plu à torrents, toute la journée d'hier", ajoute Thomas, le deuxième fils.

"Et les rhumatismes de votre père le rendent réticent à voyager par temps pluvieux", suggéra pensivement la veuve.

"Très vrai!" dit le premier des deux voisins en secouant piteusement la tête devant son couteau et sa fourchette passifs.

Un autre message arriva de la cuisine, interdisant péremptoirement à l'entreprise d'attendre davantage.

"Mais où est monsieur Chaubard ?" dit la veuve. "Est-ce qu'il a fait un voyage aussi ? Pourquoi est- *il* absent ? Quelqu'un l'a vu aujourd'hui ?"

"Je l'ai vu aujourd'hui", dit le plus jeune fils, qui n'avait pas encore parlé. Le nom de ce jeune homme était Jean ; il était peu enclin à parler, mais il s'était révélé, dans diverses occasions domestiques, comme le membre le plus rapide et le plus observateur de la famille.

"Où l'as-tu vu ?" demanda la veuve.

"Je l'ai rencontré ce matin alors qu'il se rendait à Toulouse."

« Il n'est pas tombé malade, j'espère ? Avait-il l'air de mauvaise humeur lorsque vous l'avez rencontré ?

"Il était en excellente santé et de bonne humeur", a déclaré Jean. "Je ne l'ai jamais vu aussi beau——"

"Et *je* ne l'ai jamais vu pire", dit le deuxième des voisins , entrant dans la conversation avec l'irritation agressive d'un homme affamé.

"Quoi ! ce matin ?" s'écria Jean étonné.

"Non, cet après-midi", dit le voisin . "Je l'ai vu entrer dans notre église ici. Il était aussi blanc que nos assiettes le seront, quand elles arriveront. Et ce qui est presque aussi extraordinaire, il est passé sans faire la moindre attention à moi."

Jean retomba dans son silence habituel. Il commençait à faire nuit ; les nuages s'étaient accumulés pendant que la compagnie parlait ; et, dès la première pause de la conversation, la pluie, tombant de nouveau à torrents, se fit tristement audible.

"Cher, cher moi!" dit la veuve. "S'il ne pleuvait pas si fort, nous pourrions envoyer quelqu'un s'enquérir du bon Monsieur Chaubard ."

"Je vais aller me renseigner", a déclaré Thomas Siadoux . " Ce n'est pas à cinq minutes de marche. Soupez ; je prendrai un manteau avec moi ; et si notre excellent monsieur Chaubard est hors de son lit, je le ramènerai pour répondre de lui-même. "

Sur ces mots, il quitta la pièce. Le souper fut aussitôt mis sur la table. Le voisin affamé ne se disputa plus avec personne à partir de ce moment, et le voisin mélancolique reprit ses esprits.

En arrivant chez le curé, Thomas Siadoux le trouva assis seul dans son bureau. Il se leva avec toutes les apparences de la plus violente alarme, lorsque le jeune homme entra dans la chambre.

« Je vous demande pardon, monsieur, » dit Thomas ; "J'ai peur de vous avoir surpris."

"Que veux-tu?" demanda M. Chaubard d'un ton singulièrement brusque et ahuri.

"Avez-vous oublié, monsieur, que c'est le soir de notre souper ?" protesta Thomas. " Mon père n'est pas revenu ; et nous ne pouvons que supposer... "

A ces mots, le prêtre retomba sur sa chaise et trembla des pieds à la tête. Étonné au dernier degré de cet extraordinaire accueil de sa remontrance, Thomas Siadoux se souvint en même temps qu'il s'était engagé à ramener M. Chaubard avec lui ; et il résolut de terminer son discours civil, comme si de rien n'était.

« Nous sommes tous d'avis, reprit-il, que le temps a retenu mon père sur la route. Mais ce n'est pas une raison, monsieur, pour que le souper soit gaspillé, ou pour que vous ne fassiez pas un des nôtres, comme vous le dites. promis. Voici un bon manteau chaud... »

"Je ne peux pas venir", dit le prêtre. "Je suis malade; je suis de mauvaise humeur; je ne suis pas apte à sortir." Il soupira amèrement et cacha son visage dans ses mains.

"Ne dites pas cela, monsieur", insista Thomas. " Si vous avez le moral, essayons de vous remonter le moral. Et vous, à votre tour, nous animerez. Ils vous attendent tous à la maison. Ne refusez pas, monsieur," supplia le jeune homme, " ou nous penserons que nous vous avons offensé, d'une manière ou d'une autre. Vous avez toujours été un bon ami pour notre famille... "

M. Chaubard se releva de nouveau de sa chaise, avec un second changement d'attitude, aussi extraordinaire et aussi perplexe que le premier. Ses yeux étaient humides comme si les larmes y montaient ; il prit la main de Thomas Siadoux et la serra longuement et chaleureusement dans la sienne. Il y avait une curieuse expression mêlée de pitié et de peur dans le regard qu'il fixait maintenant sur le jeune homme.

« De tous les jours de l'année, dit-il très sincèrement, ne doutez pas de mon amitié aujourd'hui. Tout malade que je sois, je ferai un souper, pour votre bien... »

"Et pour l'amour de mon père ?" » ajouta Thomas d'un ton convaincant.

« Allons au souper », dit le curé.

Thomas Siadoux s'enveloppa du manteau et ils quittèrent la maison.

Tout le monde à table remarqua le changement chez M. Chaubard . Il s'en expliquait en déclarant confusément qu'il souffrait d'une maladie nerveuse ; puis il ajouta qu'il ferait néanmoins de son mieux pour favoriser le plaisir social de la soirée. Son discours était fragmentaire et sa gaieté tristement forcée ; mais il parvenait, avec ces inconvénients, à prendre sa part dans la conversation, sauf dans le cas où elle s'en prenait au maître de la maison absent. Chaque fois que le nom de Saturnin Siadoux était mentionné, soit par les voisins , qui regrettaient poliment qu'il ne soit pas présent ; ou par la famille, qui parlait naturellement du lieu de repos qu'il aurait pu choisir pour la nuit, M. Chaubard ou retombait dans un silence vide, ou changeait brusquement de sujet. Dans ces circonstances, la société, dont il était respecté et aimé, tenait compte de son état de santé ; la seule personne parmi eux qui ne montrait aucun désir de remonter le moral du prêtre et de le divertir dans son agitation passagère, étant le fils cadet et silencieux de Saturnin. Siadoux .

Louis et Thomas remarquèrent que, dès le moment où les manières de M. Chaubard trahissaient pour la première fois sa singulière réticence à aborder le sujet de l'absence de leur père, Jean fixait ses yeux sur le curé avec une expression d'attention soupçonneuse ; et je ne l'ai jamais quitté du reste de la soirée. Le silence absolu du jeune homme à table n'étonna pas ses frères, habitués à ses habitudes taciturnes. Mais la méfiance maussade trahie par son observation attentive de l' invité d'honneur et ami de la famille, les a surpris et irrités. Le prêtre lui-même semblait à une ou deux reprises se rendre compte de l'examen minutieux auquel il était soumis, et se sentir mal à l'aise et offensé, comme il le pouvait naturellement. Il s'abstenait cependant de remarquer ouvertement le comportement étrange de Jean ; et Louis et

Thomas furent donc tenus, par politesse commune, de s'abstenir également de s'en apercevoir.

Les habitants de la Croix- Daurade se lèvent tôt. Vers onze heures, la compagnie se leva et se sépara pour la nuit. Hormis les deux voisins , personne n'avait apprécié le souper, et même les deux voisins , ayant mangé à leur faim, étaient aussi heureux de rentrer chez eux que les autres. Dans le peu de confusion du départ, M. Chaubard compléta l'étonnement des convives devant son extraordinaire changement, en s'éclipsant seul, sans attendre de souhaiter une bonne nuit à personne.

La veuve Mirailhe et ses nièces se retirèrent dans leurs chambres et laissèrent les trois frères seuls dans le salon .

"Jean," dit Thomas Siadoux , "j'ai un mot à vous dire. Vous avez regardé notre bon monsieur Chaubard d'une manière très offensante toute la soirée. Qu'entendez-vous par là ?"

« Attendez demain, dit Jean ; "et peut-être puis-je vous le dire."

Il alluma sa bougie et les quitta. Les deux frères remarquèrent que sa main tremblait et que ses manières, jamais très avenantes, étaient, cette nuit-là, plus sérieuses et plus insociables que d'habitude.

III. LE FRÈRE CADET.

Lorsque l'heure du courrier arriva le 27 au matin, aucune lettre n'arriva de Saturnin. Siadoux . Après réflexion, la famille a interprété cette circonstance sous un jour favorable . Si le maître de maison ne leur avait pas écrit, il s'ensuivait sûrement qu'il entendait rendre inutile l'écriture en revenant ce jour-là.

Au fil des heures, la veuve et ses nièces veillaient, de temps en temps, sur l'homme absent. Vers midi, ils aperçurent un petit attroupement de personnes s'approchant du village. Bientôt, en regardant de plus près, on reconnut à la tête de l'assemblée le premier magistrat de Toulouse, en costume officiel. Il était accompagné de son évaluateur (également en tenue officielle), d'une escorte d'archers et de certains subordonnés attachés à la mairie. Ces derniers paraissaient porter un fardeau caché à la vue par l'escorte des archers. Le cortège s'est arrêté devant la maison de Saturnin Siadoux ; et les deux filles, se précipitant vers la porte pour découvrir ce qui était arrivé, rencontrèrent le fardeau que portaient les hommes, et virent, étendu sur une litière, le cadavre de leur père.

Le cadavre avait été retrouvé le matin même au bord de la rivière Lers . Il a été poignardé à onze endroits avec des coups de couteau ou de poignard. Aucun des objets de valeur du défunt n'avait été touché ; sa montre et son argent étaient toujours dans ses poches. Celui qui l'avait assassiné l'avait assassiné pour se venger, pas pour gagner.

Il s'écoula un certain temps avant que même les membres masculins de la famille fussent suffisamment calmes pour entendre ce que les officiers de justice avaient à leur dire. Lorsque ce résultat fut enfin obtenu et que les enquêtes nécessaires eurent été faites, aucune information d'aucune sorte ne fut obtenue qui désignât le meurtrier, aux yeux de la loi. Après avoir exprimé sa sympathie et promis qu'on tenterait par tous les moyens la découverte du criminel, le premier magistrat donna ses ordres à son escorte et se retira.

La nuit venue, la sœur et les filles de l'assassiné se retirèrent dans la partie haute de la maison, épuisées par la violence de leur chagrin. Les trois frères furent de nouveau laissés seuls dans le salon , pour parler ensemble de l'horrible calamité qui leur était arrivée. Ils étaient de sang chaud du Sud et ils se regardaient avec une soif de vengeance du Sud dans leurs yeux sans larmes.

Le plus jeune fils, silencieux, fut maintenant le premier à ouvrir les lèvres.

« Vous m'avez chargé hier, dit-il à son frère Thomas, de regarder étrangement M. Chaubard toute la soirée ; et j'ai répondu que je pourrais vous dire *pourquoi* je le regardais quand demain viendrait. Demain est venu, et je suis prêt à vous le dire.

Il attendit un peu et baissa la voix jusqu'à murmurer lorsqu'il reprit la parole.

« Lorsque M. Chaubard était à notre table de souper hier soir, dit-il, j'avais dans l'esprit qu'il était arrivé quelque chose à notre père et que le curé le savait.

Les deux frères aînés le regardèrent avec un étonnement muet.

"Notre père nous a été ramené assassiné !" continua Jean, toujours à voix basse. "Je vous le dis, Louis, et à vous Thomas, que le curé sait qui l'a assassiné."

Louis et Thomas reculèrent devant leur jeune frère, comme s'il avait blasphémé.

"Écoutez", dit Jean. "Aucun indice n'a été trouvé sur le secret du meurtre. Le magistrat nous a promis de faire de son mieux, mais j'ai vu sur son visage qu'il avait peu d'espoir. Nous devons faire la découverte nous-mêmes, sinon le sang de notre père aura crié à nous avons demandé vengeance, et j'ai pleuré en vain. Rappelez-vous cela, et notez mes prochaines paroles. Vous m'avez entendu dire hier soir que j'avais rencontré M. Chaubard en route pour Toulouse en excellente santé et de bonne humeur. Vous avez entendu notre vieil ami et voisin contredire. à table du souper, et déclare qu'il a vu le curé, quelques heures plus tard, entrer dans notre église ici avec un visage d'homme affolé. Tu as vu, Thomas, comment il s'est comporté lorsque tu es allé le chercher. notre maison. Vous avez vu, Louis, à quoi il ressemblait lorsqu'il est entré. Le changement a été remarqué par tout le monde. Quelle en était la cause, *j'en* ai vu la cause sur le visage du curé lui-même, lorsque le nom de notre père est apparu dans la fenêtre ? causer autour de la table du souper. Est-ce que M. Chaubard s'est joint à cette conversation? Il était le seul présent à n'y avoir jamais participé. L'a-t-il changé, tout d'un coup, à chaque fois qu'il lui en arrivait ? Il est venu vers lui quatre fois ; et quatre fois il le changea – tremblant, balbutiant, devenant de plus en plus blanc, mais toujours, aussi vrai que le Ciel au-dessus de nous, détournant à chaque fois le discours de lui-même ! Êtes-vous des hommes ? Avez-vous un cerveau dans la tête ? Ne voyez-vous pas, comme moi, à quoi cela mène ? Sur mon salut, je le jure : le prêtre connaît la main qui a tué notre père ! »

Les visages des deux frères aînés s'assombrirent de manière vindicative, tandis que la conviction de la vérité s'enracinait dans leurs esprits.

« *Comment* pourrait-il le savoir ? » demandèrent-ils avec impatience.

— Il faut qu'il nous le dise lui-même, dit Jean.

"Et s'il hésite... s'il refuse d'ouvrir les lèvres ?"

"Nous devons les ouvrir de force."

Ils rapprochèrent leurs chaises après cette dernière réponse, et se consultèrent pendant quelque temps à voix basse.

La consultation terminée, les frères se levèrent et entrèrent dans la pièce où était déposé le cadavre de leur père. Les trois hommes l'embrassèrent tour à tour sur le front, puis se prirent la main et se regardèrent de manière significative en face, puis se séparèrent. Louis et Thomas mirent leurs chapeaux et se rendirent aussitôt chez le curé ; tandis que Jean se retirait seul dans la grande pièce du fond de la maison, qui servait à l'usine d'huile.

Un seul des ouvriers est resté sur place. Il regardait un immense chaudron d'huile de lin bouillante.

"Vous pouvez rentrer chez vous", dit Jean en tapotant gentiment l'épaule de l'homme. "Il n'y a aucun espoir de repos pour moi une nuit, après l'affliction qui nous est arrivée. Je prendrai votre place au chaudron. Rentrez chez vous, mon bon ami, rentrez chez vous."

L'homme le remercia et se retira. Jean le suivit et s'assura que l'ouvrier avait bien quitté la maison. Il revint ensuite et s'assit près du chaudron bouillant.

Pendant ce temps, Louis et Thomas se présentaient chez le curé. Il ne s'était pas encore couché, et il les reçut avec bonté, mais avec la même agitation extraordinaire dans son visage et dans ses manières qui avaient surpris tous ceux qui l'avaient vu la veille. Les frères étaient préparés à l'avance avec une réponse, lorsqu'il leur demandait ce qu'ils attendaient de lui. Ils répondirent immédiatement que le choc de la mort horrible de leur père avait si gravement affecté leur tante et leur sœur aînée, qu'on craignait que leurs esprits ne cèdent, à moins qu'une consolation et une assistance spirituelles ne leur soient apportées cette nuit-là. Le malheureux prêtre, toujours fidèle et dévoué lorsqu'il s'agissait des devoirs de son ministère, se leva aussitôt pour accompagner les jeunes gens à la maison. Il revêtit même son surplis et emporta le crucifix avec lui, pour imprimer d'autant plus solennellement ses paroles de réconfort aux femmes affligées qu'il était appelé à secourir .

Ainsi innocent de tout soupçon du complot dont il avait été victime, il fut conduit dans la chambre où Jean attendait près du chaudron d'huile ; et la porte était verrouillée derrière lui.

Avant de pouvoir parler, Thomas Siadoux a ouvertement avoué la vérité.

" C'est nous trois qui avons besoin de toi, dit-il, ni notre tante, ni notre sœur. Si vous répondez sincèrement à nos questions, vous n'avez rien à craindre. Si vous refusez... " Il s'arrêta et regarda vers Jean et le chaudron bouillant.

Jamais, dans le meilleur des cas, un homme résolu ; privé, depuis la veille, des ressources d'énergie qu'il possédait, par les souffrances mentales qu'il avait endurées en secret, le malheureux prêtre tremblait de la tête aux pieds, tandis que les trois frères se serraient autour de lui. Louis lui prit le crucifix et le tint ; Thomas le força à poser dessus sa main droite ; Jean se tenait devant lui et posait les questions.

"Notre père a été ramené à la maison après avoir été assassiné", a-t-il déclaré. "Savez-vous qui l'a tué ?"

Le prêtre hésita ; et les deux frères aînés le rapprochèrent du chaudron.

"Répondez-nous, au péril de votre vie", dit Jean. "Dis, avec ta main sur le crucifix béni, connais-tu l'homme qui a tué notre père ?"

"Je le connais."

"Quand as-tu fait cette découverte ?"

"Hier."

"Où?"

"À Toulouse."

"Nommez le meurtrier."

A ces mots, le prêtre referma fermement sa main sur le crucifix et rassembla son courage en déclin.

"Jamais!" dit-il fermement. "Les connaissances que je possède ont été acquises au confessionnal. Les secrets du confessionnal sont sacrés. Si je les trahis, je commets un sacrilège. Je mourrai le premier !"

"Pense!" dit Jean. "Si vous gardez le silence, vous filtrez le meurtrier. Si vous gardez le silence, vous êtes le complice du meurtrier. Nous avons juré sur le cadavre de notre père de le venger. Si vous refusez de parler, nous le vengerons de *vous*. Je vous en charge. encore une fois, nommez l'homme qui l'a tué.

"Je mourrai le premier", répéta le prêtre avec la même fermeté qu'auparavant.

"Meurs alors !" dit Jean. "Meurs dans ce chaudron d'huile bouillante."

"Donnez-lui du temps", crièrent Louis et Thomas, plaidant sincèrement ensemble.

"Nous allons lui laisser du temps", a déclaré le jeune frère. "Il y a l'horloge là-bas, contre le mur. Nous compterons cinq minutes à côté. Pendant ces cinq minutes, qu'il fasse la paix avec Dieu, ou qu'il se décide à parler."

Ils attendirent, regardant l'heure. Pendant cet intervalle terrible, le prêtre tomba à genoux et cacha son visage. Le temps s'écoulait dans un silence de mort.

"Parlez ! pour votre propre bien, pour notre bien, parlez !" dit Thomas Siadoux , alors que l'aiguille des minutes atteignait le point où expiraient les cinq minutes.

Le curé leva les yeux, sa voix s'éteignit sur ses lèvres, l'agonie mortelle éclata sur son visage en grosses gouttes de sueur, sa tête pencha en avant sur sa poitrine.

"Soulève-le!" s'écria Jean en saisissant le curé par le côté. "Soulève-le et jette-le dedans !"

Les deux frères aînés avancèrent d'un pas... et hésitèrent.

"Soulève-le, sous ton serment sur le corps de notre père !"

Les deux frères l'ont saisi de l'autre côté. Alors qu'ils le soulevaient au niveau du chaudron, l'horreur de la mort qui le menaçait jaillit des lèvres du misérable dans un cri de terreur. Les frères le maintinrent fermement au bord du chaudron. « Nommez l'homme ! » dirent-ils pour la dernière fois.

Les dents du curé claquaient ; il restait sans voix. Mais il fit un signe de tête, un signe affirmatif. Ils l'ont placé sur une chaise et ont attendu patiemment jusqu'à ce qu'il puisse parler.

Ses premiers mots furent des paroles de supplication. Il supplie Thomas Siadoux de lui rendre le crucifix. Lorsqu'il fut mis en sa possession, il le baisa et dit faiblement : « Je demande pardon à Dieu pour le péché que je vais commettre. Il fit une pause ; puis leva les yeux vers le jeune frère, qui se tenait toujours devant lui. "Je suis prêt", a-t-il déclaré. "Interrogez-moi et je répondrai."

Jean répéta les questions qu'il avait posées lorsque le prêtre fut introduit dans la chambre.

"Vous connaissez le meurtrier de notre père ?"

"Je le connais."

"Depuis quand?"

"Depuis qu'il m'a fait sa confession hier, dans la cathédrale de Toulouse."

"Nommez-le."

"Son nom est Cantegrel ."

"L'homme qui voulait épouser notre tante ?"

"Le même."

"Qu'est-ce qui l'a amené au confessionnal ?"

"Ses propres remords."

"Quels étaient les mobiles de son crime ?"

"Il y a eu des bruits contre son caractère; et il a découvert que votre père était allé en particulier à Narbonne pour s'assurer de leur véracité."

« Est-ce que notre père s'est assuré de leur vérité ?

"Il a fait."

"Ces découvertes auraient-elles séparé notre tante de Cantegrel si notre père avait vécu pour lui en parler ?"

"Ils le feraient. Si votre père avait vécu, il aurait dit à votre tante que Cantegrel était déjà marié; qu'il avait abandonné sa femme à Narbonne; qu'elle y vivait avec un autre homme, sous un autre nom; et qu'elle avait elle-même avoué." en présence de ton père."

"Où le meurtre a-t-il été commis ?"

" Entre Villefranche et ce village. Cantegrel avait suivi votre père à Narbonne ; et l'avait suivi de nouveau à Villefranche . Jusqu'à cet endroit, il voyageait en compagnie d'autres, à l'aller et au retour. Au-delà de Villefranche , il était resté seul à le gué sur la rivière. C'est là que Cantegrel a sorti le couteau pour le tuer, avant de rentrer chez lui et d'annoncer la nouvelle à votre tante.

"Comment le meurtre a-t-il été commis ?"

" Cela a été commis pendant que votre père abreuvait son poney au bord du ruisseau. Cantegrel l'a volé par derrière et l'a frappé alors qu'il se penchait sur l'arçon de la selle. "

"C'est la vérité, sur votre serment ?"

"Sur mon serment, c'est la vérité."

"Vous pouvez nous quitter."

Le prêtre se leva de sa chaise sans aide. Depuis le moment où la terreur de la mort l'avait forcé à révéler le nom de l'assassin, un grand changement s'était produit en lui. Il avait donné ses réponses avec le calme inébranlable d'un homme sur l'esprit duquel tous les intérêts humains ont perdu prise. Il quitta alors la pièce, étrangement absorbé par lui-même ; se déplaçant avec la régularité mécanique d'un somnambule ; perdu dans toute perception des choses et des personnes qui l'entourent. A la porte, il s'arrêta, sorti, semble-t-il, de la transe qui le possédait, et regarda les trois frères avec une tristesse constante et immuable, qu'ils n'avaient jamais vue chez lui auparavant, qu'ils n'oublièrent jamais plus tard.

"Je te pardonne", dit-il doucement et solennellement. "Priez pour moi, quand mon heure viendra."

Sur ces derniers mots, il les quitta.

IV. LA FIN.

La nuit était très avancée ; mais les trois frères résolurent de partir sur-le-champ pour Toulouse, et de remettre leurs renseignements entre les mains du magistrat, avant le lever du jour.

Jusqu'à présent, aucun soupçon ne leur était venu des terribles conséquences qui allaient suivre leur entretien nocturne avec le prêtre. Ils ignoraient absolument le châtiment auquel s'exposait un homme des ordres sacrés s'il révélait les secrets du confessionnal. Aucun cas de ce châtiment n'avait été connu dans leur voisinage , car, à cette époque comme aujourd'hui, le plus rare de tous les délits sacerdotaux était une violation du mandat sacré confié au confesseur par l'Église romaine. Conscients d'avoir forcé le prêtre à commettre un délit clérical, les frères croyaient sincèrement que la perte de sa curée serait la plus lourde peine que la loi puisse lui imposer. Ils entrèrent cette nuit-là à Toulouse, discutant de l'expiation qu'ils pourraient offrir à M. Chaubard , et des moyens qu'ils pourraient employer au mieux pour lui rendre la vie future facile.

La première révélation des conséquences qui suivraient certainement l'outrage qu'ils avaient commis, leur fut révélée lors de leur déposition devant l'officier de justice. Le magistrat écouta leur récit avec une horreur vivement exprimée dans son visage et dans ses manières.

« Mieux vaut que vous ne soyez jamais né, dit-il, que d'avoir vengé la mort de votre père, comme vous l'avez vengée tous les trois. Votre propre acte a condamné les coupables et les innocents à souffrir de la même manière.

Ces paroles se sont révélées prophétiques de la vérité. La fin arriva rapidement, comme le prêtre l'avait prévu en prononçant ses mots d'adieu.

L'arrestation de Cantegrel s'accomplit sans difficulté le lendemain matin. En l'absence de toute autre preuve justifiant cette procédure, la divulgation privée aux autorités du secret que le prêtre avait violé devenait inévitable. Le Parlement du Languedoc fut, dans ces circonstances, le tribunal saisi ; et la décision de cette assemblée ordonna immédiatement la mise en détention du curé et des trois frères, ainsi que de l'assassin Cantegrel . On rechercha alors immédiatement des preuves qui pourraient condamner ce dernier criminel, sans aucune référence à la révélation qui avait été imposée au prêtre - et suffisamment de preuves furent trouvées pour satisfaire les juges dont l'esprit possédait déjà la certitude d'avance de la culpabilité du prisonnier. Il fut jugé, reconnu coupable du meurtre et condamné à être brisé au volant. La sentence a été exécutée de manière rigide, avec aussi peu de retard que la loi le permettait.

Les cas de M. Chaubard et des trois fils de Siadoux occupèrent ensuite les juges. Les trois frères furent reconnus coupables d'avoir forcé le secret d'une confession à un homme des ordres sacrés et furent condamnés à mort par pendaison. Une expiation bien plus terrible de son offense attendait le malheureux prêtre. Il fut condamné à avoir les membres brisés sous la roue, et à être ensuite, de son vivant, lié au bûcher et détruit par le feu.

Si barbares qu'étaient les châtiments de cette époque, si habituée que fût la population à en entendre parler, et même à en être témoin, les condamnations prononcées dans ces deux cas consternèrent l'esprit public ; et les autorités furent surprises de recevoir des pétitions de grâce de Toulouse et de tous les environs . Mais le sort du prêtre était scellé. Tout ce qu'on pouvait obtenir, par l'intercession des personnes les plus distinguées, c'était que le bourreau lui accordât la miséricorde de la mort, avant que son corps ne fût livré aux flammes. Avec cette seule modification, la sentence fut exécutée, comme la sentence avait été prononcée, sur le curé de la Croix-Daurade .

Restait à infliger le châtiment des trois fils de Siadoux . Mais le peuple, soulevé par la mort du malheureux prêtre, s'insurgea contre cette troisième exécution, avec une résolution devant laquelle le gouvernement local céda. La cause des jeunes gens était défendue par la population au sang chaud, comme la cause de tous les pères et de tous les fils ; leur piété filiale était élevée jusqu'aux cieux ; leur jeunesse était plaidée en leur faveur ; leur ignorance de la terrible responsabilité à laquelle ils avaient été confrontés en extorquant le secret au prêtre a été fortement alléguée en leur faveur . Qui plus est, les autorités furent effectivement prévenues que l'apparition des prisonniers sur l'échafaud serait le signal d'une révolte et d'un sauvetage organisés . Sous cette forte pression, l'exécution fut ajournée et les prisonniers furent maintenus en détention jusqu'à ce que l'effervescence populaire se soit calmée.

Ce retard leur a non seulement sauvé la vie, mais il leur a également redonné leur liberté. L'infection de la sympathie populaire avait pénétré par les portes des prisons. Les trois frères étaient de beaux jeunes hommes bien adultes. Le plus doux des trois, Thomas Siadoux , suscita l'intérêt et gagna l'affection de la fille du geôlier en chef . Son père fut convaincu par son intercession de se détendre un peu dans sa vigilance habituelle ; et le reste était fait par la jeune fille elle-même. Un matin, la population toulousaine apprit, avec tous les témoignages de la joie la plus extravagante, que les trois frères s'étaient évadés, accompagnés de la fille du geôlier . Comme formalité légale nécessaire, ils furent poursuivis, mais aucun effort extraordinaire ne fut déployé pour les rattraper : et ils réussirent donc à franchir la frontière la plus proche.

Vingt jours plus tard, l'ordre arriva de la capitale d'exécuter leur sentence en effigie. Ils furent alors autorisés à rentrer en France, à condition de ne plus jamais apparaître dans leur pays natal, ni dans aucune autre partie de la province du Languedoc. Sous cette réserve, ils étaient libres de vivre où bon leur semblait et de se repentir de l'acte fatal qui les avait vengés du meurtrier de leur père au prix de la vie du prêtre.

Au-delà de ce point, les documents officiels ne permettent pas de suivre leur carrière. Tout ce que l'on sait aujourd'hui est désormais raconté sur la tragédie du village de la Croix- Daurade .

MOTS AUDACIEUX D'UN CÉLÈBRE.

Les coups du facteur à ma porte ont été ces derniers temps plus fréquents que d'habitude ; et parmi le nombre croissant de lettres qui m'ont été laissées, il est arrivé qu'une proportion inhabituellement grande contenait des cartes de mariage. Tout comme il semble y avoir certains jours où toutes les belles femmes de Londres prennent l'habitude de sortir ensemble, certains jours où tous les gens que nous connaissons semblent conspirer pour nous rencontrer à chaque tournant d'une après-midi de marche, de même il semble y avoir des moments et des saisons où tous nos amis sont inexplicablement déterminés à se marier ensemble. Capricieuse en tout, la loi des hasards est surtout fantaisiste, d'après mon expérience, dans son influence sur la célébration du mariage. Il y a six mois, je n'avais pas besoin de laisser une seule carte gratuite n'importe où, pendant des semaines et des semaines ensemble. En ce moment même, je risque d'user mon porte-cartes à cause d'une utilisation incessante. Mes amis se marient imprudemment dans toutes sortes de directions opposées et font des cloches une nuisance plus grande que d'habitude dans toutes les paroisses de Londres.

Ces circonstances curieuses m'ont fait réfléchir au sujet du mariage et m'ont rappelé certaines réflexions relatives à ce changement important dans la vie, que j'ai fait pour la première fois alors que je n'étais pas tout à fait un vieux célibataire aussi incurable que je le suis. le moment présent.

Il m'est venu à l'esprit, à cette époque passée, et cela me vient encore à l'esprit, que si l'accent est mis dans les livres ordinaires et les discours ordinaires sur l'intérêt personnel qu'un homme a lui-même et sur l'intérêt familial que ses proches parents ont également , en épousant une femme affectueuse et sensée, on n'a pas attaché suffisamment d'importance à l'intérêt d'un autre genre, que les amis éprouvés et dignes de ses années de célibataire devraient ressentir, et que, pour la plupart, ressentent, à obtenir une bonne épouse. Cela dépend réellement et véritablement d'elle, dans plus de cas que je ne voudrais énumérer, si les amitiés de son mari doivent se poursuivre, après son mariage, dans toute leur intégrité, ou doivent être maintenues seulement comme une simple forme sociale. Il n'est guère nécessaire pour moi de répéter – mais je le ferai afin d'éviter le moindre risque d'interprétation erronée – que je ne parle ici que des amis les plus dignes, les plus fidèles et les plus éprouvés de la vie de célibataire d'un homme. À leur égard, toute femme mariée sensée estime, je crois, qu'elle a un devoir à l'égard de son mari. Mais, malheureusement, il existe dans le monde des phénomènes féminins tels que des épouses affectueuses et des mères dévouées, qui sont tout sauf des femmes sensées au moment où elles doivent sortir de la sphère de leurs instincts conjugaux et maternels. Les femmes de cette espèce ont une jalousie déraisonnable envers leur mari pour les petites choses ; et c'est trop souvent à cause de l'abus de leur influence au service des intérêts de cette jalousie que réside la responsabilité de rompre des amitiés qu'aucun homme ne peut espérer nouer pour la seconde fois au cours de sa vie. Par rupture des amitiés, je n'entends pas la rupture de tout rapport sexuel, mais le changement fatal des conditions dans lesquelles un homme vit avec son ami – la projection de la première légère ombre qui modifie l'aspect de toute la perspective. Il est étonnant par quelle multitude de légers fils la ferme continuité de la considération fraternelle est maintenue. Beaucoup de femmes ont brisé tous les ligaments les plus fins qui reliaient autrefois son mari et son ami ; et elle a jugé suffisant de laisser les deux encore attachés par les liens les plus grossiers qui sont à la disposition commune du monde entier. Beaucoup de femmes – délicates, affectueuses et gentilles dans leurs propres limites étroites – ont commis cette grave offense sociale et n'ont jamais ressenti par la suite un seul pincement de pitié ou de remords.

Ces paroles audacieuses seront assez impopulaires, j'en ai peur, auprès de certains lecteurs ; mais je suis un vieux célibataire, et je dois avoir le droit de dire une vérité importune. Je respecte et admire un bon mari et père, mais je ne peux me débarrasser du respect tout aussi sincère que j'éprouve pour un bon ami ; et il me sera permis de dire à quelques dames mariées, ce que la société devrait leur dire un peu plus souvent, qu'il y a d'autres affections dans ce monde qui sont nobles et honorables , outre celles d'origine conjugale et parentale. C'est peut-être une affirmation très choquante et inattendue, mais je dois néanmoins être excusé de dire que certaines des meilleures épouses et mères du pays ont donné du chagrin à certains des meilleurs amis. Tandis qu'ils se comportaient comme des modèles de bienséance conjugale, ils éloignaient des hommes qui seraient autrefois allés jusqu'au bout du monde pour se servir les uns les autres. Moi, en tant que célibataire, je ne peux rien dire de la terrible déchirure, non moins terrible parce qu'inévitable, lorsqu'un père et une mère perdent une fille, afin qu'un amant puisse gagner une femme. Mais je peux parler avec émotion du choc que provoque la perte d'un ami cher, afin qu'une épouse puisse trouver un mari dévoué. Rien ne me persuadera jamais (peut-être parce que je ne suis pas marié) qu'il n'y a pas un défaut quelconque dans l'amour pour une femme qui se complète, aux yeux de certains, par les apports forcés de l'amour qui appartient à un ami. Je sais qu'un homme et une femme qui font un mariage heureux ont atteint le sommet de la félicité terrestre ; mais n'atteignent-ils jamais cette éminence enviable sans avoir foulé aux pieds quelque chose de vénérable, ou quelque chose de tendre, d'ailleurs ?

Soyez patientes, épouses indignées, si je me souviens du temps passé où l'une des plus belles femmes que j'ai jamais vues m'enleva mon plus cher ami et détruisit, en un court jour, tout l'édifice agréable que nous avions été tous les deux. construire ensemble depuis que nous étions garçons à l'école.

Je n'aimerai plus jamais aucun être humain autant que je l'étais pour cet ami, et, jusqu'à ce que la belle femme s'interpose entre nous, je crois qu'il n'y avait rien au monde qu'il n'aurait pas sacrifié et qu'il n'aurait pas fait pour moi. Même pendant qu'il faisait la cour, je gardais mon emprise sur lui. Contre l'opposition de son épouse et de sa famille, il a stipulé que je serais son témoin le jour du mariage. La belle femme m'en voulait de mon seul petit coin dans son cœur, même à ce moment-là ; mais il m'a été fidèle, il a persisté, et j'ai été le premier à lui serrer la main lorsqu'il était marié. Je ne soupçonnais pas alors que j'allais le perdre à partir de ce moment-là. Je n'ai découvert la vérité que lorsque je suis allé rendre ma première visite aux mariés dans leur demeure à la campagne. J'ai trouvé une belle maison, superbement entretenue de haut en bas ; J'ai trouvé un accueil chaleureux; J'ai trouvé un bon dîner et une chambre aérée ; J'ai trouvé un mari et une femme modèles : la seule chose que je n'ai pas trouvée, c'était mon vieil ami. Quelque chose s'est levé dans ses vêtements, m'a serré la main, m'a pressé du vin, m'a appelé par mon prénom et m'a demandé ce que je faisais dans ma profession. C'était certainement quelque chose qui avait le truc de ressembler à mon ancien camarade et frère ; quelque chose dont personne dans ma situation n'aurait pu se plaindre avec la moindre raison ; quelque chose avec tout l'éclat du vieux métal, mais sans la vieille bague en argent sterling ; quelque chose, en bref, qui m'a poussé instinctivement à prendre mon chandelier de chambre tôt le premier soir de mon arrivée et à lui dire bonsoir pendant que la belle femme et épouse modèle était présente pour garder un œil sur moi.

Puis-je jamais oublier le langage de cet œil à cette occasion ! — les volumes qu'il a dit dans un seul regard de triomphe cruel ! "Plus de secrets sacrés entre vous deux", dit-il avec éclat. "Quand vous lui faites confiance maintenant, vous devez me faire confiance. Vous pouvez encore et encore vous sacrifier pour votre amour pour lui, mais il ne fera aucun sacrifice maintenant pour vous, jusqu'à ce qu'il ait d'abord découvert comment ils affectent mon confort et mon plaisir. Ta place dans son cœur maintenant, c'est là que je l'ai choisi. J'ai pris d'assaut la citadelle, et j'amènerai bientôt des enfants pour garder les remparts et toi, le vieux soldat fidèle des années passées, toi ; avez obtenu votre libération et pouvez vous asseoir et prendre le soleil aussi bien que possible aux portes extérieures. Vous avez été son plus fidèle ami, mais il en a un autre maintenant et n'a plus besoin de vous déranger, sauf en qualité de témoin de son bonheur. Ceci, vous le remarquerez, est dans l'ordre de la nature et dans l' adéquation reconnue des choses ; et il espère que vous le verrez – et moi aussi. Et il espère que vous dormirez bien sous son (et mon) nouveau toit. — et moi aussi. Et il vous souhaite une bonne nuit — et moi aussi !

De très nombreuses années se sont écoulées depuis que j'ai appris ces dures vérités ; mais je ne pourrai jamais oublier la douleur que cela m'a coûté de les avoir par cœur à tout moment. Mon vieil ami vit encore, c'est-à-dire que j'ai une connaissance intime, qui m'invite à tous ses dîners, et qui m'a fait parrain d'un de ses enfants ; mais le frère de mon amour, qui me mourut le jour où je lui rendis la visite de noces, n'est plus revenu à la vie depuis lors. Sur l'autel où nous avons autrefois sacrifié, les cendres reposent froides. Un mari et un père modèle sont nés d'eux, et ce résultat est, je suppose, le seul qu'un tiers soit en droit d'attendre. Il se peut que ce soit le cas ; mais, jusqu'à ce jour, je ne peux m'empêcher de penser que la belle femme aurait mieux fait si elle avait pu se faire un mari affectueux, sans en même temps épouser un bon ami.

Je crains que les lecteurs ne manqueront pas, qui seront enclins à me dire que la dame dont je viens de parler n'a fait valoir que le juste privilège qui lui appartenait en vertu du droit du mariage ; et que mon sentiment d'injure vient de l'égoïsme susceptible d'un vieux célibataire. Sans chercher à me défendre, je peux au moins être autorisé à enquêter sur les motifs qui ont poussé cette dame à user de son privilège – ou, en termes plus clairs, à modifier les relations dans lesquelles mon ami et moi entretenions l'un envers l'autre depuis notre enfance.

Son idée, je présume, était que, si je conservais mon ancien pied avec son mari, je lui enlèverais une partie de son affection qui lui appartenait. D'après mon idée, elle m'enlevait quelque chose qui m'avait appartenu et qu'aucun effort de sa part ne pouvait ensuite convertir à son propre usage. Il est difficile de faire comprendre à certaines femmes que le cœur d'un mari, même si dévoué et si affectueux, a des places vacantes qu'elles ne pourront jamais espérer remplir. C'est une maison dans laquelle eux et leurs enfants occupent naturellement et convenablement tous les plus grands appartements et fournissent tous les plus jolis meubles ; mais il y a des chambres libres dans lesquelles ils ne peuvent pas entrer, et qui sont réservées tout au long de leur vie à des invités inévitables du monde extérieur. Il vaut mieux laisser entrer le vieil ami que certains visiteurs substitués, qui sont sûrs, tôt ou tard, d'entrer là où des chambres sont prêtes pour eux, au moyen de passe-partout obtenus sans la permission des locataires permanents. Ai-je tort de faire de telles affirmations ? Je serais assez disposé à penser que cela est probable – n'étant qu'un célibataire – si mes opinions étaient fondées sur une simple théorie. Mais mes opinions, telles qu'elles sont, se sont formées à l'aide de preuves et de faits. J'ai rencontré de brillants exemples d'épouses qui ont renforcé les amitiés de leurs maris comme elles n'auraient jamais pu se renforcer sans l'influence des soins d'une femme, employés de la manière la plus vraie, la plus tendre et la plus délicate. J'ai vu des hommes sauvés des mauvaises habitudes d'une demi-vie par la chance de garder des amis fidèles qui étaient les maris d'épouses sensées. C'est une remarque très banale et vraie que les inimitiés les plus meurtrières entre les hommes ont été provoquées par les femmes. Il n'est pas moins certain – bien que ce soit une vérité beaucoup moins largement acceptée – que certaines (j'aimerais pouvoir en dire beaucoup) des amitiés les plus solides ont été nouées le plus étroitement par la main secourable des femmes.

Le fait réel semble être que l'idée générale de la portée et du but de l'institution du mariage est misérablement étroite. Le même préjugé insensé qui conduit certaines personnes, lorsqu'elles sont poussées à l'extrême, à admettre en pratique (même si cela ne peut pas être fait en termes clairs) qu'elles préféreraient voir un meurtre commis sous leurs propres yeux plutôt que d'approuver tout projet visant à obtenir une loi. Le principe du divorce, qui doit s'appliquer de manière égale aux maris et aux femmes de tous rangs qui ne peuvent vivre ensemble, est également responsable de la pernicieuse erreur de principe consistant à restreindre la pratique des vertus sociales, chez les personnes mariées, à eux-mêmes et à leurs enfants. Un homme aime sa femme – c'est-à-dire s'aime lui-même – et aime sa progéniture, ce qui équivaut à dire qu'il a les instincts naturels de l'humanité ; et, lorsqu'il est allé jusqu'ici, il s'est imposé comme un modèle de toutes les vertus de la vie, aux yeux de certains. À mon avis, il a seulement commencé avec les meilleures vertus, et il lui en reste encore d'autres à mettre en pratique avant de pouvoir se rapprocher du niveau d'un homme socialement complet. Peut-il y avoir une idée du mariage inférieure à celle qui en fait, en fait, une institution destinée au développement de l'égoïsme à une échelle large et respectable ? Si je n'ai pas le droit d'employer le mot d'égoïsme, dites-moi quel caractère présente un bon mari (vu clairement comme un homme) lorsqu'il sort dans le monde, laissant toutes ses sympathies dans le boudoir de sa femme et toutes ses affections à l'étage. dans la crèche, et donner à ses amis des lambeaux et des marques de reconnaissance formelle, au lieu d'un véritable amour et d'une véritable considération, qui consiste à les inviter à un dîner occasionnel et à leur accorder le privilège d'offrir à ses enfants des tasses en argent ? C'est un mari modèle, diront les dames. Je n'ose pas les contredire ; mais je voudrais savoir s'il est aussi un modèle d'ami ?

Non. Célibataire comme je suis, j'ai une idée du mariage plus élevée que celle-là. Les avantages sociaux qu'il est apte à produire doivent s'étendre au-delà d'un homme et d'une femme, jusqu'au cercle de la société dans lequel ils évoluent. La lumière de sa beauté ne doit pas être enfermée entre les quatre murs qui enferment les parents et la famille, mais doit se répandre dans le monde et briller sur ceux qui sont sans enfants et solitaires, parce qu'elle a assez de chaleur et à revendre, et parce que cela peut les rendre, même à leur manière, heureux aussi. J'ai commencé ces quelques lignes en demandant de la sympathie et de l'attention pour l'intérêt qu'ont les vrais amis d'un homme, lorsqu'il se marie, à ce qu'il choisisse une épouse qui les laissera être encore amis, qui les aidera même à se mêler à une fraternité plus étroite, si on l'aide.

ils ont besoin. Je pose la plume, suggérant à quelques dames — suggérant affectueusement, si elles me permettent d'utiliser ce mot, après quelques-unes des choses audacieuses que j'ai dites — qu'il est en leur pouvoir de priver le célibataire du seul droit qui lui reste. à la reconnaissance sociale et à la prééminence, en faisant des hommes mariés ce que beaucoup d'entre eux sont, et quoi d'autre, pourraient être : les meilleurs et les plus vrais amis qu'on puisse trouver au monde.

DRIEFS SOCIAUX. —V.
MME. BULLWINKLE.

Mesdames et Messieurs. Accordez-moi cinq minutes de sympathie et d'attention. J'ai quelque chose de sérieux à te dire.

Je suis un homme marié, avec un revenu trop misérablement limité pour mériter d'être mentionné. Il y a environ un mois, ma femme m'a fait faire un pas de plus vers le tribunal pour le soulagement des débiteurs insolvables, en me présentant un autre enfant. À cinq reprises, son nom était apparu dans la liste des mères britanniques qui orne le supplément quotidien du journal Times. À chacune de ces périodes difficiles (je parle entièrement de moi lorsque j'utilise le mot « essayer »), elle était soignée par la même infirmière mensuelle. Dans cette dernière et sixième occasion, nous n'avons pas eu la chance de nous assurer les services de notre fonctionnaire régulier. Elle était déjà fiancée ; et une nouvelle infirmière, avec d'excellentes recommandations, fut donc employée à sa place. Quand j'ai entendu parler d'elle pour la première fois et qu'on m'a dit qu'elle s'appelait Mme Bullwinkle, j'ai ri. C'était alors le début du mois. C'est maintenant fini, et j'écris ce nom autrefois comique avec une gravité installée que rien ne peut troubler.

Nous connaissons tous Mme Gamp . Ma défunte infirmière mensuelle est exactement à son antipode. Mme Bullwinkle est grande et digne ; son teint est clair ; son nez grec est innocent de toute coloration conviviale ; sa silhouette n'est qu'agréablement dodue ; ses manières sont froidement composées ; sa robe est tranquille et soignée ; son âge ne peut pas dépasser trente-cinq ans ; son style de conversation, lorsqu'elle parle, est fluide et grammatical - dans l'ensemble, elle semble être une femme beaucoup trop distinguée pour sa situation dans la vie. Lorsque j'ai rencontré Mme Bullwinkle pour la première fois dans les escaliers, j'ai eu envie de m'excuser de la présomption de ma femme en recourant à ses services. Bien que j'aie réprimé cet élan absurde, je n'ai pas pu m'empêcher de répondre à la magnifique révérence de la nouvelle infirmière en exprimant l'espoir poli qu'elle trouverait sa situation tout ce qu'elle pouvait souhaiter, sous mon toit.

"Je n'ai pas l'habitude d'exiger grand-chose, monsieur", a déclaré Mme Bullwinkle. " La cuisinière paraît, je me réjouis de le dire, être une personne intelligente et attentive. Je lui ai donné quelques petites indications au sujet de mes repas. J'ai osé lui dire que je mange peu et souvent ; et je je pense qu'elle me comprend parfaitement.

J'ai honte de dire que je n'étais pas aussi vif que le cuisinier. Je n'ai pas bien compris Mme Bullwinkle, jusqu'à ce qu'il devienne de mon devoir, en raison de l'incapacité de ma femme à gérer nos affaires domestiques, de régler les factures hebdomadaires. J'ai alors senti une augmentation alarmante de nos dépenses domestiques. Si j'avais donné deux dîners dans la semaine, les factures n'auraient pas pu être plus exorbitantes : le boucher, le boulanger et l'épicier n'auraient pas pu me prendre dans un plus lourd désavantage pécuniaire. Mon cœur se serra en pensant à mes misérables revenus. J'ai levé les yeux piteusement des factures vers le cuisinier pour obtenir une explication.

La cuisinière m'a regardé avec compassion, a secoué la tête et a dit :

"Mme Bullwinkle."

J'ai compté des joints supplémentaires, des côtelettes supplémentaires, des steaks supplémentaires, des filets, des rognons, du bœuf en sauce. J'ai déploré un terrible complément à la consommation familiale habituelle de pain, de farine, de thé, de sucre et de liquides alcoolisés. J'ai encore fait appel au cuisinier ; et encore une fois la cuisinière secoua la tête et dit : « Mme Bullwinkle. »

Mon revenu misérable m'oblige à veiller sur six pence, comme d'autres hommes s'occupent de billets de cinq livres. Ruin restait immobile sur la pile de factures hebdomadaires et me regardait sévèrement en face. Je suis monté dans la chambre de ma femme. La nouvelle infirmière n'était pas là. Le malheureux partenaire de mes embarras pécuniaires lisait un roman. Mon bébé innocent souriait dans son sommeil. J'avais emporté les factures avec moi. Ruin les suivit jusqu'à l'étage et s'assit spectralement d'un côté du lit, tandis que je m'asseyais de l'autre.

"Ne vous inquiétez pas, mon amour," dis-je, "si vous entendez la police dans la maison. Mme Bullwinkle a une famille nombreuse et les nourrit tous avec nos provisions. Une perquisition sera instituée et la justice endormie sera instituée. soyez excité. Regardez ces rôtis, ces côtelettes, ces steaks, ces filets, ces rognons, ces bœufs en sauce !"

Ma femme secoua la tête, exactement comme la cuisinière avait secoué la sienne ; » et répondit, exactement comme le cuisinier avait répondu : « Mme Bullwinkle.

"Mais où cache-t-elle tout cela ?" M'écriai-je.

Ma femme a fermé les yeux et a frissonné.

"John!" elle a dit : « J'ai consulté le médecin en privé ; et le médecin dit que Mme Bullwinkle est une vache.

« Si le médecin devait payer ces factures, rétorquai-je sauvagement, il ne serait pas aussi libre de ses plaisanteries.

"Il est sérieux, ma chérie. Il m'a expliqué, ce que je n'avais jamais su auparavant, qu'une vache est un animal avec plusieurs estomacs———"

"Quoi!" m'écriai-je avec étonnement ; " Veux-tu me dire que tous ces rôtis, ces côtelettes, ces steaks, ces filets, ces rognons, ces bœufs en sauce — ces pains, ces muffins, ces biscuits mélangés — ces thés, ces sucres, ces eaux-de-vie, gins, xérès , et les bières, ont disparu en une semaine, dans la gorge de Mme Bullwinkle ?

"Tous, John", dit ma femme en se laissant tomber sur l'oreiller avec un gémissement.

Il était impossible de regarder les factures et d'y croire. J'ai interrogé et contre-interrogé ma femme, et je n'ai toujours obtenu que la seule réponse déconcertante : « Tous, John. » Déterminé — car je suis un homme d'esprit logique et judiciaire — à faire enquête de manière approfondie sur cette affaire extraordinaire et alarmante, j'ai sorti mon portefeuille et mon crayon et j'ai demandé à ma femme si elle se sentait assez forte pour faire quelques entrées privées pour ma satisfaction. Constatant qu'elle acceptait volontiers cette responsabilité, je lui ai ordonné de noter, à partir de sa propre enquête personnelle, un relevé des repas de Mme Bullwinkle et de l'heure à laquelle elle a pris chacun d'eux, pendant vingt-quatre heures, en commençant par un matin et se terminant par un autre. Après avoir pris cet arrangement, je suis descendu au salon et j'ai pris les mesures commerciales nécessaires pour utiliser la cuisinière comme un contrôle sur sa maîtresse. Après lui avoir soigneusement demandé d'inscrire, sur l'ardoise de la cuisine, tout ce qui était envoyé à Mme Bullwinkle, pendant vingt-quatre heures, j'ai senti que ma machine pour enquêter sur la vérité était désormais complète. Si la déclaration de la maîtresse, au lit au deuxième étage, concordait avec la déclaration de la cuisinière, dans la sphère lointaine de la cuisine, il ne faisait aucun doute que j'avais obtenu des informations fiables sur le sujet mystérieux des repas de Mme Bullwinkle. .

En temps voulu, les deux rapports furent envoyés et j'eus enfin l'occasion de comprendre ce que signifiait réellement « manger peu et souvent » dans le cas de l'infirmière mensuelle de ma femme. Sauf sur un point particulier, qui sera mentionné ci-après, les deux déclarations concordaient exactement. Voici la liste, accompagnée d'un horaire correct, des repas de Mme Bullwinkle, commençant le lundi matin et se terminant le mardi matin. Je certifie, sur mon honneur de mari et femme de ménage britannique, que la copie est correctement tirée des inscriptions de ma femme dans mon portefeuille, vérifiées impartialement par l'ardoise du cuisinier : [E]

SUIS

7.	Petit-déjeuner.—Thé, pain grillé, demi- quart de pain, beurre, œufs, bacon.

9h30.	Première collation du matin.—Un verre de Xérès pâle et une assiette de biscuits mélangés.
11.	Deuxième collation du matin.—Un bassin de thé au bœuf et un verre de cognac et d'eau.
MP	
12h45.	Dîner.—Une longe rôtie de mouton et de purée de pommes de terre. Avec le dîner, la bière épicée et réchauffée. Après le dîner, un verre de gin chaud et d'eau.
MP	
3.	Collation de l'après-midi.—Un verre de Xérès pâle et une assiette de biscuits mélangés.
16h30.	Thé et muffins.
7.	Collation du soir.—Ragoût de fromage, pain grillé et un verre de cognac et d'eau.
9.	Souper.—Un bon steak juteux et deux verres de bière. Deuxième plat.—Ragoût de fromage et un verre de gin et d'eau.

DÉTAILS SUPPLÉMENTAIRES. (Non garanti par l'ardoise du cuisinier.) — Dans la nuit du lundi, Mme Bullwinkle a mangé, par intervalles, de Caudle. À 4h30 du matin , le mardi, ma femme a été réveillée en entendant l'infirmière marcher dans la pièce et soupirer amèrement. La conversation suivante eut alors lieu entre eux :

Ma femme. -Es-tu malade?

Mme Bullwinkle. -Non. Affamé.

Je peux certifier que la liste ci-dessus représente correctement, et même modérément, le tarif quotidien de Mme Bullwinkle, pour un mois. Je puis affirmer, d'après ma propre observation, que chaque plat, à chaque heure du jour, qui montait jusqu'à elle était plein, en ressortait invariablement vide. Mme Bullwinkle n'était pas une mangeuse inutile. Elle pouvait pleinement apprécier, dans la viande rôtie par exemple, la grande valeur du « maigre » ; mais elle n'était pas pour autant insensible aux moindres mérites de la graisse, de la peau et du « dehors ». Tout – absolument tout – était du poisson qui venait dans son filet ; et le réseau lui-même, comme je peux en témoigner personnellement, n'a jamais été surchargé ni hors d'usage. J'ai observé, dans le cas de ce cormoran humain parfaitement sans précédent, des symptômes d'apoplexie, ou du moins de satiété visible, avec un intérêt terrible et captivant ; et n'ont, en aucune occasion, été récompensés par la moindre découverte. Mme Bullwinkle n'a jamais été, pendant qu'elle était à mon service, même partiellement ivre. Son visage n'était jamais rouge ; son articulation n'a jamais été épaissie ; son cerveau n'a jamais été confus ; ses mouvements n'étaient jamais incertains. Après le petit-déjeuner, les deux collations du matin et le dîner, qui se déroulaient tous en l'espace de six heures, elle pouvait se déplacer dans la pièce avec une liberté d'action sans entrave ; je pouvais maintenir ma femme et mon bébé dans un état de discipline la plus stricte ; pouvait magnifiquement faire la révérence, lorsque le maître inoffensif, qu'elle mangeait hors de la maison et de la maison, entrait dans la chambre, conservant sa couleur , son équilibre et ses bretelles , lorsqu'elle s'enfonçait et lorsqu'elle gonflait de nouveau, sans le vestige d'un effort apparent. Durant le mois de sa résidence dévastatrice sous mon toit, elle a pris deux cent quarante-huit repas, collations comprises ; et elle sortit de la maison pas plus grande ni plus rouge qu'elle n'y était entrée. Après avoir exposé un fait pareil, tout autre commentaire est superflu.

Je laisse cette affaire entre les mains du public médical et du public marié. Je le présente, comme un problème, à la science physiologique. Je l'offre, à titre d'avertissement, aux maris britanniques aux revenus limités. Pendant que j'écris ces lignes, pendant que je donne cet amical avertissement à mes compatriotes mariés, ma femme pleure sur les factures des commerçants ; mes enfants reçoivent la moitié de la nourriture ; ma cuisinière est épuisée ; mon sac à main est vide. Jeunes maris et personnes sur le point de se marier, mémorisez la description donnée ici de ma nourrice mensuelle tardive ! Évitez les femmes grandes et dignes, avec un style de conversation fluide et des manières incroyablement féminines ! Prenez garde, mes amis en difficulté, mes compagnons de travail sur les routes lourdement taxées du bonheur domestique, méfiez-vous de Mme Bullwinkle !

LA FIN.

NOTES DE BAS DE PAGE

[A] La curieuse légende liée à la naissance de ce « Fils adoptif », et les faits relatifs à son extraordinaire carrière dans l'au-delà, sont tirés des « Archives » de la Police française de l'époque. Dans ce cas, et dans les autres articles de la présente collection qui traitent d'incidents et de personnages étrangers, alors que les faits de chaque récit existent sous forme imprimée, la forme sous laquelle le récit est rédigé est de ma propre conception. Si ces faits avaient été facilement accessibles aux lecteurs en général, les articles en question n'auraient pas été réimprimés. Mais les livres rares et curieux dont sont issus mes documents sont épuisés depuis longtemps et, selon toute probabilité humaine, ne seront probablement jamais publiés à nouveau.

[B] Les faits biographiques mentionnés dans cette petite esquisse sont dérivés du récit intéressant de M. Blanchard Jerrold sur la vie et les travaux de son père . Pour le reste, c'est-à-dire pour les opinions exprimées ici sur les œuvres de Jerrold et pour l'estimation tentée de son caractère personnel, je suis responsable. Il s'agit du seul exemple d'article réimprimé dans la présente collection dont une partie est fondée sur un livre moderne et accessible. Le lecteur excusera peut-être et comprendra que je fasse ici une exception à mes propres règles, lorsque j'ajouterai que Douglas Jerrold fut l'un des premiers et des plus chers amis de ma vie littéraire.

[C] Lorsque cet article a été publié pour la première fois dans Household Words, un fils de M. Elliston a écrit au chef d'orchestre pour protester contre les épithètes que j'avais attachées au nom de son père. Dans la présente réimpression, j'ai supprimé les épithètes ; non pas parce que je les considère immérités, mais parce qu'ils traduisent simplement mon propre sentiment de colère à l'égard du traitement que M. Elliston a réservé à Jerrold - un sentiment que je ne souhaite pas satisfaire inutilement aux dépens du respect d'un fils pour la mémoire de son père. Mais les faits de l'affaire tels qu'ils ont été initialement relatés, et tels que je les ai entendus de la part de Jerrold lui-même, restent inchangés – exactement comme ma propre opinion sur la conduite de M. Elliston reste à ce jour inchangée. Si le lecteur « impartial » souhaite avoir plus de faits sur lesquels se prononcer que ceux donnés dans le texte, il est invité à se référer à La Vie d'Elliston de Raymond, dans lequel il trouvera les bénéfices évidents mis dans la poche du manager par Black-Eyed Susan, estimé à cent cinquante livres par semaine.

[D] Cet article, ainsi que l'article sur l'art intitulé « Penser ou être pensé pour », qui le suit immédiatement, ont provoqué, lors de leur première parution, quelques remontrances à la fois publiques et privées. On m'a reproché – autant que je pouvais comprendre les objections – d'avoir révélé la vérité sur le Drame et d'avoir exprimé mon opinion (au lieu de la garder pour moi, comme le faisaient d'autres) au sujet des Maîtres anciens. Constatant cependant que mes positions restaient pratiquement inréfutées et que mes opinions étaient largement partagées par des lecteurs qui n'avaient aucun intérêt professionnel pour le théâtre et aucun droit critique acquis sur les tableaux anciens - et sachant, en outre, que je n'avais pas écrit sans une certaine expérience préalable. enquête et considération – je m'en tenais fermement à mes propres convictions ; et je les tiens toujours. Ces articles sont maintenant réimprimés (tels qu'ils ont été produits à l'origine) pour servir deux objectifs que je persiste à considérer comme importants : — la liberté d'enquête sur l'état dégradé du théâtre anglais ; et la liberté de pensée au sujet des Beaux-Arts.

[E] Cet horaire n'est pas une invention de ma part. Il est copié fidèlement à partir d'un "document original" que m'a envoyé la victime d'une infirmière mensuelle.